JOLINA MENNEN

STORYTIME

JOLINA MENNEN

Storytime

Community
EDITIONS

Ich widme dieses Buch

meiner Familie, die mir immer Rückhalt gegeben hat auf der Suche nach mir selbst und meinem Platz in dieser Welt und mich aufgefangen hat, wenn ich fiel.

meinen Freunden, die mich auf den Boden der Tatsachen zurückgeholt haben und gleichzeitig mit mir durch die Decke getreten sind. Danke für die zum Teil über 17 Jahre Freundschaft. Ihr seid Familie für mich; Menschen wie euch findet man kein zweites Mal, ihr seid legendär.

meinem Mann Florian, der mir gezeigt hat, was kompromisslose Liebe bedeutet, und mich selbst in Zeiten geliebt hat, als ich selbst dachte, ich sei nicht mehr liebenswert. Bis heute bist du mein Fels in der Brandung und stehst, komme was wolle, an meiner Seite.

und ich danke DIR, dafür dass du mir zugehört hast, als ich mich von der gesamten Welt unverstanden gefühlt habe. DU begleitest mich auf meiner Reise und gemeinsam haben wir die tiefsten Breakdowns und absoluten Höhenflüge erlebt, und diese Achterbahn der Emotionen schweißt uns für immer zusammen.
Ich kann gar nicht in Worte fassen, wie viel mir deine Unterstützung und der Zusammenhalt als Community bedeutet.

Für diese Kraft, Liebe und Unterstützung bin ich euch allen auf ewig dankbar.

In Liebe

HALLI HALLO
MEINE LIEBEN!

Zu Menschen, die wir mögen, sagen wir nur zu gern: »Bleib so, wie du bist!«
Doch was steckt eigentlich dahinter? Ist es die Angst vor dem Ungewissen
oder nur eine leichtfertig verwendete Redewendung? Es vergeht doch kein
Tag, an dem wir nichts Neues dazulernen und uns weiterentwickeln. Das
Leben ist ein Prozess mit Höhen und Tiefen und niemand wird morgen noch
dieselbe Person sein, und das ist auch in Ordnung so.

Ich bin nicht geblieben, wie ich war. Ich wurde als biologischer Mann geboren und lebe heute als Frau. Jeden Tag wache ich auf und bin glücklich darüber. Einer Raupe sagt man ja schließlich auch nicht, dass sie bitte nicht zum
Schmetterling werden soll, denn diese Transformation ist für sie bestimmt.

Früher habe ich versucht, den Erwartungen anderer Menschen gerecht zu
werden, mich in Schubladen stecken lassen. Dabei habe ich mich selbst
verloren und bin zerbrochen. Erst als ich am Boden war, habe ich meinem eigenen Wohlergehen eine Daseinsberechtigung gegeben und mich gefragt,
was ICH wirklich für meine Zukunft möchte. Das war der Tag, an dem mein
Leben erst wirklich begann.

Es lohnt sich, darüber nachzudenken, wer man wirklich ist und ob man die
richtige Version von sich lebt. Lasst euch nicht von allgemein anerkann-
ten Grenzen einschränken, sondern macht das, was euer Herz euch sagt.
Manchmal stellt uns das Schicksal eine Hürde in den Weg, weil es weiß, dass
wir stark genug sind, sie zu überwinden. Daran wachsen wir.

Was ich vor fünf Jahren noch für unmöglich gehalten habe, ist heute meine
Realität. Ich möchte den Menschen, die dieses Buch lesen, meine Geschichte mitgeben. Nicht mit erhobenem Zeigefinger, denn ich möchte niemanden belehren. Aber an mir könnt ihr sehen, was wir alles erreichen können,

wenn wir uns gegenseitig unterstützen, an unsere Träume glauben und dafür kämpfen. Euer Leben ist ein Geschenk, nutzt es und macht das Beste daraus, denn nur ihr selbst seid für euer eigenes Glück verantwortlich.

Ich hoffe so sehr, dass ich, indem ich meine Story mit euch und der Welt teile, anderen helfen kann und Aufklärungsarbeit leiste. Ich möchte in der Gesellschaft etwas verändern. Es gibt immer noch so viel Unsicherheit und Unwissen, wenn es um das Thema Transidentität geht. Um transidentische Menschen besser verstehen zu können, müssen wir offen reden.

Eure Jolina

FASZINIERENDE NEUE WELT

Ich werde oft gefragt: »Wann hast du gemerkt, dass du anders bist?« Das ist im Nachhinein schwer zu sagen. Eigentlich habe ich es schon immer GEwusst, auch wenn es mir anfangs vielleicht gar nicht BEwusst war. Das fing damals schon im Kindergarten an. Ich erinnere mich noch ganz genau an meinen ersten Tag: Meine Mutter gab mich dort ab und ich habe geschrien wie am Spieß. Wie konnte sie mir das nur antun, mich alleine zu lassen mit diesen fremden Kindern?

Ich habe bestimmt eine Stunde lang geweint. Niemand und nichts konnte mich beruhigen. Bis ein Mädchen zu mir kam, Jasmin, das älter und bereits längere Zeit im Kindergarten war. Sie hatte mich weinen gesehen und drückte mir eine Puppe in die Hand: »Komm, wir spielen was zusammen«, meinte sie. Sie führte mich zu einem großen, rosafarbenen Prinzessinnenschloss – und eröffnete mir eine ganz neue Welt: Glitzer, Puppen, Krönchen! Ich war total fasziniert. Das alles kannte ich von zu Hause nicht. Woher auch, schließlich war ich »ein Junge« und hatte keine Schwester. Ich ging total im Spiel auf. Dann gab es auch noch diese große Verkleidungskiste, aus der man sich bedienen konnte. Wir haben uns Prinzessinnenkleider angezogen. Ich war einfach nur glücklich.

Als meine Mutter am Nachmittag kam, um mich abzuholen, habe ich wieder geschrien, so wie am Morgen. Diesmal, weil ich unbedingt bleiben wollte in dieser faszinierenden neuen Welt.

◆ ICH KONNTE EINFACH KIND SEIN ◆

Die Kindergartenzeit war extrem prägend für mich. Wenn ich daran zurückdenke, schien alles ganz leicht. Ich ging in die Fischegruppe, schon damals meine absoluten Lieblingstiere. Auf meinem Zahnputzbecher und an meinem Garderobenhaken klebte ein Seepferdchen. Meine Faszination mit diesen Tieren ist bis heute ungebrochen. Nicht nur, weil sie so anders und besonders aussehen, sondern weil bei ihnen die Weibchen ihre Eier in die Bruttasche der Männchen legen, die dann sozusagen schwanger werden. Die Rollen sind vertauscht.

Im Kindergarten war ich ganz frei. Ich konnte einfach Kind sein, nicht Mädchen oder Junge. Nie wurde gesagt: »Du bist ein Junge, benimm dich auch so«. Es war absolut in Ordnung, wenn ich mit Puppen spielte. Niemanden hat es gestört, dass ich Kleider getragen habe. Ich konnte machen, was sich für mich richtig anfühlte. Und ich wollte eine richtige Prinzessin sein!

Auch zu Hause gab es für mich keine klaren Geschlechterrollen. In unserer Familie hatten eher die Frauen die Hosen an, allen voran vor allem meine Mutter und meine Oma. Bis ich sieben Jahre alt war, habe ich bei meiner Mama gelebt. Mein Vater starb bei einem Autounfall, als ich zwei Jahre alt war. Meine Eltern hatten sich da allerdings bereits getrennt.

»Sie führte mich zu einem großen, rosa-farbenen Prinzessinnen-schloss – und eröffnete mir eine ganz neue Welt: Glitzer, Puppen, Krönchen!«

Ich erinnere mich kaum noch an meinen Papa. Ich habe nur ein paar wenige Bilder von ihm im Kopf. Mir fallen Momente in der Wohnung meiner Oma ein, also der Mutter meines Vaters. Sie lebte auch in Bremen und ich bin auf ihrem Sofa auf und ab gesprungen und mein Papa meinte, ich solle damit endlich aufhören. Ich weiß auch noch, dass wir, obwohl meine Eltern schon getrennt waren, zusammen seine Familie in Istanbul besucht haben. Mein Vater kam aus der Türkei. Dort hat er mir ein Armband geschenkt und angelegt. An dem Armband hing ein augenförmiges Amulett, das angeblich den Bösen Blick abwenden soll. Das sind nun die einzigen Erinnerungen, die ich noch an ihn habe. Der Kontakt zur Familie meines Vaters bestand nach seinem Tod kaum noch und eine richtige Verbindung hat sich nie aufgebaut.

◆ VATERFIGUR ◆

Ich habe das Gefühl, es hat mich schon geprägt, keinen richtigen Papa gehabt zu haben. Dennoch hat meine Sexualität nichts damit zu tun, dass ich

in einem reinen Frauenhaushalt aufgewachsen bin. Auch wenn das einige Menschen leider immer noch behaupten. Denn eine Vaterfigur hat mir, meiner Meinung nach, nie wirklich gefehlt.

Der Bruder meiner Mutter, Jan, der selbst keine Kinder hat, hat sich immer um mich gekümmert. Er hat versucht, großer Bruder, Vater und Onkel in einer Person zu sein. Er war mein ganzes Leben lang eine wichtige Bezugsperson für mich. Und dafür bin ich ihm sehr dankbar.

Mit sieben Jahren bin ich zu meiner Oma und meinem Opa gezogen, warum erkläre ich später noch. Ich fand es wirklich toll, bei ihnen zu wohnen. Als Kind war das auch alles noch kein Problem, aber mit seinen Großeltern kann man als Jugendlicher einfach nicht so viel unternehmen. Da ist dann mein Onkel eingesprungen: Wir sind ins Schwimmbad gegangen, waren mit unserem Hund unterwegs, haben Abenteuerspaziergänge im Wald unternommen, wo er mir aus Stöcken Speere gebastelt hat. Er hat auch Aufklärungsgespräche mit mir geführt. Ich habe ihm schon früh erzählt, dass mich Männer sexuell interessieren. Er hatte nie Berührungsängste mit diesen

Themen, sondern hat mich direkt unterstützt. So hat er mir auch mal eine 100er-Packung Kondome geschenkt. Dazu meinte er nur: »Wenn du etwas machst, dann sei wenigstens vorsichtig und schütze dich.« Dabei hat er aber nie den Erwachsenen raushängen lassen, von wegen »Ich sage dir jetzt, was richtig und was falsch ist.«

Als ich später, mit 16 Jahren, mit meinen Freunden in einen Club gegangen bin, der weiter von Bremen entfernt lag, hat mein Onkel ganz oft Taxi für uns gespielt. Er hat uns hingefahren und manchmal ist er auch noch mit reingekommen. Aber er hat nie versucht, einer von uns zu sein. Er hat zwar mit uns gefeiert und Getränke ausgegeben, dabei hatte er aber auch immer ein schützendes Auge auf uns. Er hat den Spagat sehr gut hinbekommen. Mit einem Vater wäre das alles höchst peinlich gewesen. Aber wenn mein Onkel mitkam, haben meine Freunde sich darüber gefreut. Jan dabei zu haben, hat immer riesigen Spaß gemacht. Ich habe sogar meinen 17. Geburtstag in seiner Gartenhütte gefeiert. Und wenn ich mal abgestürzt bin, was vorkam, dann hat er sich um mich gekümmert, mich nach Hause gebracht und zugedeckt. Er war für mich in gewisser Weise Vaterersatz – und ich für ihn auch Kindersatz.

◆ MAMA IST DIE BESTE ◆

Dadurch, dass ich die ersten Jahre allein bei meiner Mama aufgewachsen bin, habe ich aber auch eine sehr enge, besonders innige Beziehung zu ihr. Wir beide waren einfach ein Team. Meine Mama ist für mich der Inbegriff von Mutter. Wenn ich ein Problem habe, ist sie für mich da, egal wie alt ich nun schon bin. Wie etwa vor ein paar Wochen, da stimmte etwas mit meiner Brust nicht. Obwohl ich ja nun inzwischen erwachsen bin, habe ich zuerst einmal meine Mama angerufen. Ich weiß, ich kann immer auf sie zukommen und sie steht absolut hinter mir.

Meine Mama besitzt einen unglaublichen Kampfgeist. Nach der Schule hat sie Physiotherapie studiert, hat das aber abgebrochen, um eine Ausbildung zur Krankenschwester zu machen. In der Zwischenzeit hat sie als Kellnerin gejobbt und dabei meinen Vater kennengelernt, der als Türsteher gearbeitet hat. Kaum hatte meine Mutter mit ihrer Ausbildung angefangen, war sie schon mit mir schwanger. Alles wurde nun sehr stressig. Als mein Vater wenige Jahre nach meiner Geburt auch noch so plötzlich verstarb, fiel meine Mama in ein tiefes Loch. Ihre Ausbildung hat sie aber trotz alledem weitergemacht und erfolgreich abgeschlossen.

Nach der Ausbildung nahm meine Mama einen Job als Nachtkrankenschwester an, weil es die einzige freie Stelle war, die es gab. Eine junge, alleinerziehende Mutter und Schichtdienst, das passte aber leider nicht gut zusammen. Also hat meine Oma, die Mutter meiner Mama, angefangen, auf mich aufzupassen. Zunächst nur nachts – aber als meine Mama dann noch mit meinem Halbbruder schwanger wurde, hat sie versucht, meine Mutter weiter zu entlasten. Die Zeit, die ich bei meiner Oma verbrachte, wurde immer länger, bis ich mit sieben Jahren ganz zu meinen Großeltern gezogen bin.

Bei meiner Mama, ihrem Freund und meinem Bruder war ich aber jedes Wochenende. Sie haben zum Glück nur ein paar Straßen entfernt gewohnt. So blieb die Verbindung weiter so innig – auch zu meinem kleinen Bruder. Eifersüchtig auf meinen Bruder war ich nie. Ich habe mich immer um ihn gekümmert und auch mit sieben schon seine Windeln gewechselt. Es war ein bisschen so, als wäre er auch mein Baby. Heute trage ich ein Tattoo seines Geburtstags in römischen Ziffern auf meiner Brust.

Ich bewundere meine Mama. Sie hat sich nie unterkriegen lassen. Obwohl es ihr finanziell und psychisch jahrelang nicht gut ging. Sie hat sich nie aufgegeben und sich nur auf den Rückhalt aus der Familie oder von anderen verlassen. Sie hat es ganz allein aus der Krise herausgeschafft. Heute arbeitet sie nicht mehr als Krankenschwester, sondern in der Obdachlosenhilfe. Meine Mama und ich beeinflussen uns gegenseitig stärker positiv, als uns wohl bewusst ist. Auch wenn wir uns gegenseitig nicht eingestehen, wie ähnlich wir uns doch sind. Denn es ist mir wichtig, mich auch mehr für soziale Projekte engagieren, ob nun finanziell oder vor Ort. Das ist natürlich immer abhängig von der Zeit, die man hat.

◆ IRGENDWIE BIN ICH HIER FALSCH ◆

Rückblickend erinnere ich mich an eine schöne Kindheit, in der immer Menschen für mich da waren, die mich geliebt haben. Erst als ich in die Schule kam, fingen die ersten Probleme an. Geschlecht war auf einmal Thema geworden. Plötzlich gab es Jungs- und Mädchenumkleiden, getrennte Toiletten. Und bei Gemeinschaftsarbeiten mussten wir darauf achten, gemischte Gruppen zu bilden. Da habe ich zum ersten Mal gemerkt: Das ist irgendwie komisch. Ich werde in etwas hineingedrückt, das ich gar nicht bin.

»Rückblickend erinnere ich mich an eine schöne Kindheit, in der immer Menschen für mich da waren, die mich geliebt haben.«

In den Jungsteams habe ich mich unwohl gefühlt, irgendwie falsch, als würde ich da nicht hingehören. Ich musste eine Rolle erfüllen, der ich nicht entsprach. Aber ich habe mich nie gewehrt. Wie hätte ich es auch begründen sollen? Ich habe gemerkt, dass irgendetwas nicht stimmt, aber ich wusste nicht, wie ich das ausdrücken soll. Anatomisch gesehen, gehörte ich zu den Jungs. Eine Vorstellung vom Konzept »Trans« hatte ich natürlich noch nicht. Ich wusste ja gar nicht, dass es das gibt.

Bis ich mich einmal als Trans outen würde, sollte es nun noch über 15 Jahre dauern.

MEIN ERSTES
COMING-OUT

Während die Jungs in meiner Schule irgendwann anfingen, Mädchen »voll süß!« und »total hot« zu finden, und für Kylie Minogue oder Britney Spears schwärmten, war ich unsterblich in Chris von der Boyband US5 verliebt. Unterschwellig war mir eigentlich immer klar gewesen, dass ich Jungs interessanter fand als Mädchen. Mädchen, ja, die waren nett und lustig und hatten tolle Barbiepuppen, mit denen ich spielen wollte. Aber ich stand eindeutig auf Jungs.

Da ich damals anatomisch gesehen ein Mann war, schien mir das Konzept »schwul« naheliegend. Schwul war der Stempel, der zur mir passte. So dachte ich damals. Man sucht sich seine Schublade, damit man sich zugehörig fühlen kann und andere einen »einordnen« können.

Mein erstes Outing fand in einem ziemlich kleinen Rahmen statt. Ich war 13 und nach der Orientierungsstufe gerade neu in die siebte Klasse eines Gymnasiums gekommen. Wir waren ein zusammengewürfelter Haufen, aus dem sich schnell mein Freundeskreis zusammenfand: zwei Mädchen, ein Junge und ich. Wir waren super eng, haben alle Hofpausen miteinander verbracht und uns gefühlt jeden Tag nach der Schule verabredet.

Einmal trafen wir uns abends bei einem der Mädchen zu einer Übernachtungsparty. Wir haben Filme geschaut und verschiedene Spiele gespielt. Eines der Spiele, die wir uns überlegt hatten, sollte unsere Freundschaft noch einmal richtig besiegeln. Jeder musste der Gruppe sein größtes Geheimnis verraten.

Weil wir uns nicht einigen konnten, wer anfangen sollte, zogen wir Lose. Mein bester Freund verlor, begann dann aber bitterlich zu weinen. Es kostete ihn zu viel Überwindung, sein Geheimnis preiszugeben. Also erklärte ich mich bereit, meines zu lüften. Obwohl ich natürlich Angst hatte: Ich konnte die Situation nicht wirklich einschätzen. Man outet sich ja schließlich nicht jeden Tag. Weder in meiner Familie noch in der Schule kannte ich Leute, die schwul waren. Ich wusste nicht einmal, ob »Schwulsein« etwas Schlimmes war oder vielleicht sogar etwas ganz Besonderes. Ich hatte auch keine Ahnung, wie meine Freunde reagieren würden. Kurzum: Ich konnte mir kein Szenario ausmalen. Ich war mir aber sicher, dass meine Freunde mich mochten – schwul oder nicht.

Ich sagte also gerade heraus: »Ich finde Jungs interessanter als Mädchen.« Direkt anschließend daran fügte ich an meinen besten Freund adressiert hinzu: »In dich bin ich verliebt.« Der arme Junge. Er war ja eh schon fix und fertig, und dann auch noch sowas. Es war kein einfacher Abend für ihn!

Für mich aber war es auch nicht leicht. Nachdem ich mich geoutet hatte, weinte ich vor Erleichterung. Ich kann ganz schlecht mit Geheimnissen leben. Eine große Last war mir von der Seele gefallen und ich fühlte mich dadurch befreit.

Die Mädchen waren überrascht, reagierten aber nicht ablehnend auf meine Nachricht: »Oh krass! Oh mein Gott! Aber bist du dir ganz sicher, dass du schwul bist?« Tatsächlich war ich es nicht. Wenn man 13 ist, hat man ja schließlich noch gar keine ausgeprägte Form von Sexualität. Aber es fühlte sich einfach genau richtig an, in dieser Situation mein Geheimnis preiszugeben.

Wir vier haben an diesem Abend lange darüber gesprochen, was es eigentlich bedeutet, schwul zu sein, und warum es für mich immer selbstverständlich gewesen war, dass ich auf Jungs stehe. Ich habe versucht zu erklären, dass sich durch mein Outing an meiner Person, meinem Charakter, nichts ändern würde. Das haben die anderen zum Glück auch so gesehen.

Mein bester Freund hat meine Liebe übrigens nicht erwidert. Aber das war für mich in Ordnung. Er hat mich respektvoll abserviert, wir sind Freunde geblieben und so hielt sich der Liebeskummer in Grenzen.

Im Endeffekt war mein erstes Outing keine große Sache und blieb zunächst einmal folgenlos. Es gab akut keinen Grund, meine sexuelle Präferenz herumzuerzählen, ich war außer in meinen besten Freund (hetero) und in Chris von US5 (eine ziemlich aussichtslose Geschichte) in niemanden verliebt. Also haben wir vier mein Geheimnis für uns behalten.

Ich muss gestehen, dass Zweifel bei mir blieben: Auf der einen Seite wusste ich natürlich, was ich fühlte. Ich mochte Jungs. Auf der anderen Seite war ich mir aber nicht sicher, ob Schwulsein wirklich das für mich bestimmte Schicksal war. Ich habe mich gefragt, ob ich mich vielleicht doch in ein Mädchen verlieben könnte, wenn ich mir ein bisschen Mühe geben würde.

Ich begann Zettelchen zu verteilen, genau wie die anderen Jungs in meiner Klasse: »Willst du mit mir gehen? Ja. Nein. Vielleicht« und verteilte sie an fünf Mädchen gleichzeitig. Eigentlich waren die Auserwählten für mich eher gute Freundinnen, als dass ich wirklich verliebt gewesen wäre. Es war eine extrem oberflächliche Sache und führte nicht annähernd zu einer ernsthaften Beziehung – wie sie meine Freunde zu der Zeit bereits hatten.

Wobei: Mädchen geküsst habe ich schon. Da muss ich ungefähr 15 gewesen sein. Und ich muss sagen, dass die ersten richtigen Küsse schon toll waren. Die Zeit war insgesamt unheimlich aufregend. Ich dachte zwischendurch sogar, ich wäre verliebt – und dass es wahrscheinlich nicht besser geht. Erst später, als ich etwas mit einem Jungen hatte, wusste ich: Wow, das ist etwas komplett anderes. Da habe ich realisiert, dass die ganzen Versuche der letzten Jahre, ein Mädchen zu lieben, absolut vertane Liebesmühe waren.

Erst später, als ich etwas mit einem Jungen hatte, wusste ich: Wow, das ist etwas komplett anderes. Da habe ich realisiert, dass die ganzen Versuche der letzten Jahre, ein Mädchen zu lieben, absolut vertane Liebesmühe waren.

◆ DAS ZWEITE OUTING ◆

Zum ersten Mal etwas mit einem Jungen angefangen, habe ich dann in Amerika. Nach der zehnten Klasse ging ich für einen Schüleraustausch in die USA. Ich wollte unbedingt nach Kalifornien. Kalifornien war meine absolute Wunschvorstellung. Also gab ich bei der Organisation, mit der ich den Austausch machte, die passende Region an: Westküste. Aber Überraschung, es wurde natürlich nicht Kalifornien, sondern Washougal in Washington State. Eine Kleinstadt mit 15.000 Einwohnern, mitten im Wald, in der absoluten

Pampa. Dieser Ort war selbst für mich winzig, obwohl ich ja nun auch nicht gerade aus einer Metropole komme. Als ich dort ankam, war ich erst einmal überfordert. Alles war plötzlich so anders.

Auch das Schulsystem war ganz anders als in der Heimat. Ich konnte im Prinzip die Fächer wählen, auf die ich Lust hatte. Die einzigen, die ich belegen musste, waren Englisch und amerikanische Geschichte. Die restlichen vier Fächer durfte ich mir aussuchen. Also Mathe war da schon mal definitiv nicht dabei. Ich habe stattdessen coole Fächer wie Meeresbiologie, Spanisch, Deutsch und Theater genommen. »Drama-Class« hieß es in den USA. Ich war in Deutschland auch Teil einer Theater-AG gewesen und hatte bei Schulaufführungen schon die eine oder andere Hauptrolle gespielt. Ich hatte also ein wenig Verständnis und Liebe fürs Schauspiel entwickelt. Aber wichtiger als der Unterricht waren für mich die tollen Leute dort, sie haben meine Zeit in den USA sehr stark geprägt.

Das galt vor allem für Eric, ein Schüler aus diesem Kurs. Ich habe ihn das erste Mal gesehen und mich gleich Hals über Kopf in ihn verliebt. Wir waren fast gleichgroß und er hatte kupferfarbenes Haar, fast wie bei einem Fuchs. Aber am faszinierendsten waren seine Augen. Solche bernsteinfarbenen Augen hatte ich zuvor noch nie gesehen. Er war einfach unfassbar attraktiv und zu meinem Glück auch noch schwul! Ich war komplett hin und weg.

Dass er homosexuell ist, hat mir Eric sofort erzählt. Ich war direkt dabei: »Yeah! Sign me up!« Wir haben uns sehr gut verstanden und ständig getroffen. Denn in den USA funktioniert der Stundenplan anders als in Deutschland: An jedem Tag hat man seine sechs Fächer immer in derselben Reihenfolge. Das heißt, wir haben uns täglich in der letzten Stunde gesehen. Da bot es sich natürlich an, dass wir nach dem Unterricht noch etwas zusammen unternehmen würden. Eric wohnte nur zwei Straßen von mir entfernt und so haben wir fast jeden Tag bei ihm zu Hause Zeit verbracht. Ich war einfach überglücklich.

Wer mich kennt, weiß: Ich trage mein Herz auf der Zunge. Ausnahmslos immer. Ich kann einfach nicht anders. Auch die Tatsache, dass ich frisch verliebt war, und zusätzlich noch in diesen unglaublich tollen Jungen, konnte ich einfach nicht für mich behalten. Und so habe ich mich in Amerika das zweite Mal geoutet. Aber diesmal richtig groß – über DIE deutsche Internet-Plattform, damals »SchülerVZ«, denn 2008 war Facebook noch nicht wirklich ein Thema. Dabei ging ich leider relativ blauäugig vor. Ich hatte mir gar keinen Kopf gemacht und einfach zwei Sätze gepostet: »Damit ihr es wisst, ich habe mich in den USA verliebt. Und sein Name ist Eric.«

Danach blieb ich vor meinem Rechner sitzen und wartete ab. Ob jemand vielleicht darauf reagieren würde? Und was für Kommentare wohl kämen? Die ersten Reaktionen schickten meine engen Freunde. Der Tenor war durchweg positiv: »Wir freuen uns voll für dich!« Aber dann erschienen auch Nachrichten wie »Eric ist doch ein Name für Jungen. Was geht denn hier ab?!«, »Hä! Oh mein Gott! Was? Du bist eine Schwuchtel?!« Daraufhin wurde mir online auch richtig heftig gedroht: »Warte mal ab, bis du wieder in Bremen bist, so einen wie dich wollen wir nicht bei uns auf der Schule haben.« Das hat mich zunächst trotzdem nicht geschockt. Bremen war für mich in diesem Moment viel zu weit weg.

◆ DIE REAKTION MEINER GASTFAMILIE ◆

Ich wollte mit allen mein Glück teilen und so erzählte ich auch meinen Gasteltern von Eric. Dass ich schwul bin, hatte ich bis dahin noch nicht erwähnt. Denn es hatte ja bis dahin keinen Grund gegeben, ihnen davon zu erzählen.

Aber jetzt dachte ich naiv: Ich bin glücklich, dann sind die anderen es bestimmt auch.

Das waren sie aber leider nicht. Wir saßen gemeinsam beim Abendessen, als ich mit meiner Neuigkeit herausplatzte: »Ich bin in Eric verliebt!«, schwärmte ich. Die Reaktion: absolute Stille. Mein Gastvater Don und der 20-jährige Sohn Jeremy sagten nichts. Sie wollten augenscheinlich einfach im Erdboden versinken. Tammy, meine Gastmutter, übernahm also das Reden: Woher ich denn wüsste, dass ich Männer liebe, fragte sie. Das könne ja eigentlich gar nicht sein. Ein Mann, der einen Mann liebt.

Meine Gastfamilie war extrem religiös. Vor jedem Essen wurde gebetet. Jeden Sonntag gingen sie gemeinsam in die Kirche. Meine Homosexualität war anscheinend nicht mit ihren Wertvorstellungen vereinbar. Das hatte ich so nicht erwartet. In den Wochen, die wir bis dahin miteinander verbracht hatten, waren sie total glücklich mit mir gewesen. Ich hatte mich in die Familiengemeinschaft integriert, ließ alles auf mich zukommen, obwohl so vieles neu für mich war. Ich war der Familie und ihrem Leben gegenüber sehr offen gewesen, hatte sogar mit ihnen einen Gottesdienst besucht. Noch nie hätten sie so einen guten Austauschschüler wie mich gehabt, haben sie mir gesagt. Aber jetzt auf einmal, nur weil eine andere Facette von mir ins Bild kam, wurde das alles in Frage gestellt. Sie überlegten sogar, mich wegzuschicken. Ich wollte aber nicht in eine andere Gastfamilie.

Ich habe mich missverstanden und angegriffen gefühlt und versuchte, mich zu verteidigen.

Ich habe mich missverstanden, angegriffen gefühlt und versuchte, mich zu verteidigen: Dass ich schwul wäre, sei nun mal ein Teil von mir, habe ich gesagt. Das würde mich als Mensch, der ich bin, doch nicht verändern. Bestimmt zwei Wochen lang haben wir jeden Tag darüber gesprochen. Dabei muss ich gute Überzeugungsarbeit geleistet haben, denn irgendwann sagte Tammy: »Wir lieben dich als Menschen so sehr. Wir möchten, dass du hier bei uns bleibst und glücklich bist.« Sie war der Meinung, dass Gott bestimmt einen Grund hätte, warum er mich und mit mir diese Aufgabe in ihr Haus gebracht hat. Also nicht die Aufgabe, mich zum Heterosein zu bekehren, sondern daran zu wachsen. Ich durfte also bleiben.

Kurze Zeit später wurde bei Tammy Brustkrebs diagnostiziert, und sie musste operiert werden. Ich habe mich in dieser Zeit sehr viel um sie gekümmert. Also so, wie man das als 16-Jähriger überhaupt machen kann. Als sie aus dem Krankenhaus zurück nach Hause kam, habe ich ihr Frühstück gemacht, die Wäsche und den Hausputz übernommen. Ich blieb zu Hause, während ihr Mann und die beiden Söhne zur Arbeit gingen.

Wir sind in dieser schwierigen Phase außerordentlich eng zusammengewachsen. So eng, dass Tammy am Ende meiner Zeit in den USA sogar noch einmal über ihren Schatten gesprungen ist: In Portland gab es einen LGBT-Club für Minderjährige, in dem Eric gern feierte. Portland war die nächstgrößere Stadt, nur ein paar Autominuten entfernt. Meine Gasteltern hatten es mir zuvor natürlich nicht erlaubt, dorthin zu gehen. Doch kurz bevor ich zurück nach Bremen fliegen musste, fragte mich Tammy: »Wollen wir morgen nach Portland? Es ist dein letztes Wochenende. Die einzige Bedingung: Ich komme mit in diesen Club.« Und das tat sie auch.

»Ich finde dich toll und ich glaube, ich habe mich in dich verliebt«, gestand ich. Ein großer Schritt für mich.

Was für eine unfassbare Entwicklung: Erst will sie, die religiöse und konservative Frau, mich als Austauschschüler loswerden, weil ich schwul bin, und sechs Monate später geht sie mit mir in einen Schwulenclub. Ich konnte es kaum glauben.

◆ ZWEI GEBROCHENE HERZEN ◆

Meine Beziehung zu Eric nahm es leider kein so gutes Ende. Kurz nach Weihnachten erzählte ich ihm endlich, wie sehr ich in ihn verliebt war. Wir lagen gerade in seinem Zimmer auf dem Bett und schauten Fernsehen, mein Kopf lag dabei auf seiner Brust. »Du, ich muss dir was sagen. Ich finde dich toll und ich glaube, ich habe mich in dich verliebt«, gestand ich. Ein großer Schritt für mich. Aber er meinte nur: »Das hatte ich schon befürchtet. Ich liebe dich leider nicht.« Er sei, zu meinem Entsetzen, in einen anderen Jungen verknallt.

Es hat mir das Herz gebrochen. Ich war am Boden zerstört. Mir ging es noch nie in meinem Leben so schlecht. Um mit diesen Gefühlen klarzukommen, überlegte ich mir einen Plan. Mein Schmerz sollte sich irgendwie in eine andere Energie umwandeln. Ich entschied: in Rache. Eric verdiente genau dasselbe gebrochene Herz wie ich. Also kontaktierte ich kurzentschlossen den Jungen, in den Eric verliebt war, und traf mich mit ihm. Wir hatten etwas miteinander und ich machte ein eindeutiges Foto von uns, das ich an Eric schickte.

Jetzt, wo ich es noch einmal Revue passieren lasse: Mein erstes Mal mit einem Mann hatte ich also aus Rache. Und nichts daran war gut, es war einfach nur verrückt und reines Drama!

Tatsächlich habe ich mich danach schlecht gefühlt. Richtig schlecht! Aber es war auch eine Form der Genugtuung. Das Problem war nur: Ich hatte impulsiv gehandelt und nicht vorausschauend gedacht. Natürlich eskalierte die Lage komplett. Eric wollte nichts mehr mit mir zu tun haben. Aber ich war immer noch in ihn verliebt. Alle meine neuen Freunde, die ich über Eric kannte, wandten sich nun ebenso von mir ab und ich stand nun plötzlich ganz alleine da.

Dabei hatte ich gerade erst meine Zeit in den USA verlängert. Denn kurz bevor mein geplantes halbes Schuljahr in Washington zu Ende ging, hatte ich eine Initiative gestartet. Insgesamt über 800 Leute konnte ich dazu bringen, eine Art Petition dafür zu unterschreiben, dass ich länger in den USA bleiben könne. Warum? Weil ich so einen tollen Beitrag für die Gemeinschaft leistete. Alle meine Lehrer und Mitschüler, die Kassiererin im Supermarkt, die Fahrerin vom Schulbus, die Gastfamilie und auch die Eltern meiner Freunde hatten sich für mich stark gemacht. Diese Liste schickte ich meinen Großeltern, um sie davon zu überzeugen, die zusätzlichen Kosten für einen verlängerten Aufenthalt zu übernehmen. Sie mussten es einfach machen, denn all diese Menschen wollten, dass ich noch ein halbes Jahr bleibe. Meine Großeltern überwiesen also das Geld.

Doch nach dem Desaster mit Eric wollte ich unbedingt nach Hause. Sofort! Ich habe nur noch geweint. Ich war eine Woche am Boden zerstört. Ich flehte meine Großeltern am Telefon an: »Bitte, lasst mich zurückkommen.« Ich bin, glaube ich, drei oder vier Tage später wieder nach Deutschland geflogen. Das Geld haben wir natürlich nicht erstattet bekommen. Meine Großeltern waren, verständlicherweise, so sauer auf mich.

ANGRIFF IST DIE BESTE VERTEIDIGUNG

Ich kam also offiziell als schwul geoutet und ziemlich Hals über Kopf nach Bremen zurück. Die Kommentare der Hater auf SchülerVZ hatten mir bereits eine vage Vorstellung davon gegeben, was mich erwarten würde. Ich hatte recht damit und tatsächlich wurde das zweite Halbjahr der elften Klasse für mich zur Hölle.

Ich hatte vor meiner Rückkehr keine Chance gehabt, mich zu erklären – und die Leute hatten bereits angefangen, sich ungesehen ein Bild von mir zu machen. Also überlegte ich mir eine Strategie: Angriff ist die beste Verteidigung! Ihr denkt also, ich bin eine Schwuchtel? Hier habt ihr eine!

Bevor ich in die Vereinigten Staaten ging, waren Klamotten reine Zweckerfüllung für mich. Mein Outfit bestand meist aus Jeans und einfarbigen, unspektakulären T-Shirts. Erst in den USA hatte ich damit angefangen, mich für Styling und Mode generell zu interessieren. Mit der Kreditkarte meines Opas war ich mit meinen neuen Freundinnen dort shoppen gegangen. Beim Friseur hatte ich mir Strähnchen machen lassen, dazu trug ich nun Piercings und Ohrringe.

Für die Verhältnisse der Staaten sah ich schon eine Spur drüber aus. Für Bremen war ich ein bunter Paradiesvogel. In der Schule trug ich Sonnenbrille und lila T-Shirts. Ich war laut, ich war schrill und jedes zweite Wort war auf Englisch. Ich habe alle Stereotypen erfüllt, die man sich nur vorstellen kann, und habe dabei maßlos übertrieben. Das, was ich da zeigte, war nicht mehr ich. Eigentlich konnte ich mich selber so überhaupt nicht leiden. Doch ich dachte, mit dieser Version von mir schrecke ich die Leute vielleicht ab, sodass sie keinen Bock auf mich haben. Um mich endlich in Ruhe zu lassen.

Mein Plan ging aber leider nicht auf. Ich wurde ausgiebig von den älteren Schülern aus der 12. und 13. Klasse gemobbt. Sie bewarfen mich mit Essen, bespuckten mich und schubsten mich in den Dreck. Es war wie in einem schlechten Film. Ich hatte einfach nur Angst. Die Jungs, die sich als Gruppe

gegen mich verbündet hatten, waren aus Klassenstufen über mir, zum Teil eineinhalb bis zwei Jahre älter als ich, und zwei Köpfe größer.

Ihnen war nur schwer beizukommen. Einmal wurde ich im Schulflur verprügelt und die Lehrer sind einfach daran vorbeigegangen, weil sie sich nicht getraut haben, bei fünf Zwölftklässlern einzuschreiten. Was sollten sie auch machen, außer »Stopp, Stopp, Stopp« zu rufen. Die Jungs hatten sich total in Rage geprügelt.

So etwas hätte einem damals wahrscheinlich überall passieren können. Es lag nicht an Bremen, nicht daran, dass es eine eher kleine Stadt und keine internationale Metropole ist. Sobald irgendjemand sich ein Opfer sucht, wird er immer andere finden, die mit ihm draufschlagen wollen. Gemeinsam gegen eine einzelne Person sind sie stark. Zuerst war es nur eine Handvoll von Jungs, aber es wurden mit der Zeit immer mehr. Ich war für sie ein einfaches Opfer. Und dazu noch ganz allein. Ich hatte keine Verbündeten, niemanden, der sich auch als schwul geoutet hätte. Obwohl ich, als es aufs Abitur zuging, irgendwann geschnallt habe, dass noch drei andere Jungs aus meinem Jahrgang schwul waren. Aber keiner von denen wäre für mich ein potenzieller Freund gewesen. Das waren alles kleine Würstchen, von denen mir eh niemand hätte helfen oder mich hätte beschützen können.

Natürlich haben meine Freunde mir den Rücken gestärkt. Aber es war selbst für sie schwierig, mich zu verstehen.

Natürlich haben meine Freunde mir den Rücken gestärkt. Aber es war selbst für sie schwierig, mich zu verstehen. Meine »Angriff ist die beste Verteidigung«-Strategie hat ihnen nicht wirklich gefallen. Ich werde nie vergessen, wie eine meiner besten Freundinnen damals zu mir sagte: »Nur weil du schwul bist, musst du dich doch nicht so komisch verhalten. Bitte verstelle dich nicht so, sondern sei dir selber treu.« Aber davor hatte ich Angst. Denn dann hätte ich mein wahres, authentisches Ich gezeigt. Wäre ich dafür angegriffen oder kritisiert worden, hätte es viel mehr wehgetan. Zweieinhalb Jahre lang habe ich diese affektierte, unangenehme Version von mir aufrechterhalten.

◆ WILDE ZEITEN ◆

Sexuell gesehen hatte ich in dieser Zeit das Bedürfnis, etwas nachzuholen. Ich weiß, das klingt ganz schlimm, aber es war halt so. In den Teenagerjahren, in denen meine Freunde ihre ersten Beziehungen hatten, war bei mir ja nicht viel passiert. Aber jetzt, mit 16, dachte ich zu wissen, was ich wollte.

Zurück in Bremen hatte ich als Trainer eine neue HipHop-Tanzgruppe übernommen und lernte dort viele Leute kennen, die alle ein bis zwei Jahre älter waren. Wir gingen im Prinzip jedes Wochenende an beiden Tagen aus. Beim Feiern habe ich hier und da verschiedene Typen kennengelernt. Sagen wir es mal so: Ich war kein Kind von Traurigkeit. Wenn man endlich meint, seine Sexualität gefunden zu haben, dann will man ja auch etwas damit anfangen.

Freitags gab es in den meisten Clubs in Bremen die Abi-Nacht. Da konnte man auch mit 16 oder 17 Jahren schon hin, wenn ein Volljähriger die Erziehungsberechtigung für den Abend übernahm oder man einen von Mutti unterschriebenen Zettel hatte. Die Samstage waren da schon etwas schwieriger. Ich sah aber mit 16 schon älter aus, sodass ich meist reingekommen bin. Wenn um Mitternacht das Licht anging, musste man seinen Ausweis vorzeigen. Ich bin dann kurz rausgegangen oder habe mich auf dem Klo erfolgreich versteckt.

In Bremen gibt es eine Partymeile in der Nähe des Bahnhofs, wo sich ein Club neben den anderen reiht. Da gab es auch zwei, drei schwule Clubs und Bars. In die bin ich oft gegangen, habe dort Leute kennengelernt und manchmal bin ich auch mit jemandem nach Hause gegangen. Für die große Liebe hat es aber nie gereicht.

Nur in einen Typen hatte ich mich ein bisschen stärker verguckt. Wir trafen uns öfter. Aber immer nur bei ihm. Was ich seltsam fand. Das Ganze lief so über drei, vier Monate. Bis ich ihn irgendwann fragte: »Sag mal, warum gehen wir eigentlich nie zusammen raus, mal Kaffee trinken oder was essen?« Darauf hat er mir direkt ins Gesicht gesagt: »Na, schau dich doch bitte mal an. Als ob ich mit jemandem wie dir vor die Tür gehen würde. Du bist für mich nichts als ein netter Zeitvertreib.«

Ich war ihm also peinlich. Zum Verständnis: Ich war zu der Zeit ja noch in meiner schrillen und lauten Phase – und immer extrem gestylt. Ich trug perfekt gemachte, geglättete Haare, dazu Ohrringe und Piercings, sehr tief ausgeschnittene Tops und hautenge Jeans. Meine Klamotten kamen zwar alle aus der Männerabteilung, waren aber immer so kombiniert, dass sie ein bisschen anders aussahen als die der anderen.

◆ DAS EIGENE SELBSTWERTGEFÜHL ◆

Die Abfuhr dieses Mannes, mit dem ich mich so auf einer Wellenlänge glaubte, war schlimm für mich. Sie hat mich aber auch wachgerüttelt. Mein Selbstwertgefühl lag am Boden, war mit Füßen getreten worden. Mir wurde klar, dass mein Partyleben aus dem Ruder gelaufen war. Ich hatte zu exzessiv gefeiert (nicht mit Drogen, aber mit viel Tequila Sprite) und mich selbst vernachlässigt. Meine ganzen Affären begann ich nicht aus Interesse an den Männern, sondern weil sie mir in diesem Moment Aufmerksamkeit schenkten. Sie sahen mich, hörten mich, nahmen mich wahr. Oder zumindest dachte ich, dass sie das tun würden.

Ich glaube, dass viele Menschen so eine Phase durchlaufen, in der sie sich die Hörner abstoßen müssen. Es ist sicherlich wichtig, sich auszuprobieren, aber irgendwann muss man sich fragen: Tut mir das langfristig eigentlich gut? Solche Affären sind schließlich immer nur kleine Selbstwert-Booster. Kurz bekommst du Aufmerksamkeit, danach fällst du in ein Loch. Die Hochgefühle werden immer höher, die Löcher immer tiefer. So kommt man in einen Strudel, in dem man eigentlich gar nicht geraten will.

Nach dieser Phase habe ich mir mein erstes Tattoo stechen lassen. Eine Woche vor meinem 18. Geburtstag. Weil ich unbedingt sagen können wollte, dass ich es stechen ließ, als ich noch minderjährig war. Was ich viel cooler fand! Seitdem trage ich einen Schriftzug seitlich über den Rippen: »Cherish your life« – wertschätze dein Leben//Schätze dein Leben wert. Etwas, das mir zu der Zeit sehr schwergefallen ist. Ich hatte immer das Gefühl, die Leute können zwar mit und über mich lachen, aber mich nicht liebenswert finden. Ich war häufig Zentrum der Aufmerksamkeit, aber viele Menschen waren damals nicht an mir interessiert, sondern nur an meinem Unterhaltungswert. Der Typ, der mich abwies, war da nur die Krönung gewesen.

◆ FAMILIÄRE UNTERSTÜTZUNG ◆

Mein Start in ein schwules Leben lief also nicht gerade schmerz- und reibungslos. Deshalb bin ich meiner Familie bis heute so furchtbar dankbar für ihre Unterstützung. Sie hat immer 100 Prozent hinter mir gestanden. Ich hatte nie das Gefühl: »Da musst du jetzt alleine durch.«

»Schön, dass du es endlich aussprichst. Ich freue mich, dass du glücklich bist.«

In meiner Familie habe ich mich zuerst meiner Mama anvertraut. Sie hat darauf nur geantwortet: »Schön, dass du es endlich aussprichst. Ich freue mich, dass du glücklich bist.« Ich weiß noch, wie sehr ich erleichtert war und daraufhin geheult habe. Als ich mich dann ein paar Jahre später als Trans outete und zu ihr sagte, dass ich ab jetzt als die Frau leben möchte, die ich immer sein sollte, da hat sie richtig tief durchgeatmet und meinte: »Ach, endlich hast du es selber realisiert.« Als Mutter hat man anscheinend einfach ein Gespür dafür. Man merkt, wenn etwas in seinem Kind vorgeht.

Auch meinem Onkel habe ich sehr früh erzählt, dass ich mich für Männer interessiere. Er war schließlich für mich meine nächste männliche Bezugsperson. Uns beide trennen knapp 20 Jahre und als ich Teenie war, war er Mitte 30. Er wusste also noch ganz gut, wie man sich als Jugendlicher fühlt, welche Gedanken einem durch den Kopf gehen, was einen verunsichert.

Mit Jan konnte ich immer sehr offen über alles reden. Er hat mich nach meinem Outing nicht verurteilt, sondern mir ganz viele Informationen zum Thema »Coming-out« besorgt. Er hat mir Bücher, Dokumentationen und Reportagen empfohlen. Er ist da eher »hands-on« – und wollte, dass ich mich noch mehr mit dem Thema auseinandersetze.

Er hat auch versucht, mein neues Leben zu verstehen. Es ist ja für die Familie auch eine Veränderung: Man lässt das Kind in eine Welt, zu der man selbst kaum Bezugspunkte hat. Also hat mein Onkel mich kurzerhand zur Schwulennacht in die Disko begleitet. Da war ich 16 und er ging sozusagen als Muttizettel mit – als Aufpasser. Weil man ja erst mit 18 alleine dort Zutritt hatte.

Mein Onkel ist nicht schwul, hat sich das aber trotzdem »angetan«. Er wollte die schwule Partyszene kennenlernen und ist sehr offen, ohne Vorbehalte an die Sache rangegangen. Er war der Meinung: »Man kann immer eine gute Party haben, egal, wo man hingeht. Das hängt von der eigenen Herangehensweise und Einstellung ab.«

Als wir in der Disko angekommen waren, hat er mich erstmal auf die Tanzfläche geschickt: »Viel Spaß!«, meinte er. »Ich bleibe hier an der Bar.« Nur ein paar Minuten später kam ein Typ zu ihm und meinte: »Wenn du mir deinen Jungen mitgibst, dann kriegst du fürs Wochenende 500 Euro.« Da ist mein Onkel natürlich ausgerastet. Ich habe davon gar nichts mitbekommen. Später meinte er nur: »Oh Mann, ich hatte mir doch vorgenommen, mich heute nicht zu prügeln.« Ich bitte euch, was will man mehr? Meine Familie hat sich schon immer für mich eingesetzt. Normalerweise ohne Fäuste.

Schwieriger war es allerdings, meinen Großeltern von meinem Schwulsein zu erzählen. Mein Onkel gab mir den Tipp: »Überleg' dir vorher genau, wie du das bei Oma und Opa ansprichst.« Sie würden bestimmt Fragen stellen und in dem Moment müsse man gute, durchdachte Antworten liefern. Ansonsten wirkt man unüberlegt oder völlig emotional.

Das habe ich beherzigt und meine Oma hat auf mein Outing auch sehr verständnisvoll reagiert. Wir haben viel geredet und diskutiert. Aber mein Opa hatte am Anfang extreme Probleme: Sein Enkel schwul?! Das war für ihn völlig unverständlich. Er wurde 1939 geboren, ein Typ vom alten Schlag. Als er aufgewachsen ist, wurden Homosexuelle noch ins Gefängnis gesteckt – keine gute Assoziation. Er hat sich große Sorgen gemacht und sich sogar gefragt, ob es auch sein Fehler gewesen sein könnte, dass ich mich für Männer interessiere. Mit der Zeit hat er dann aber gemerkt, dass mich die Tatsache, schwul zu sein, nicht als Mensch verändert. Dass meine Persönlichkeit dieselbe bleibt – Sexualität hin oder her.

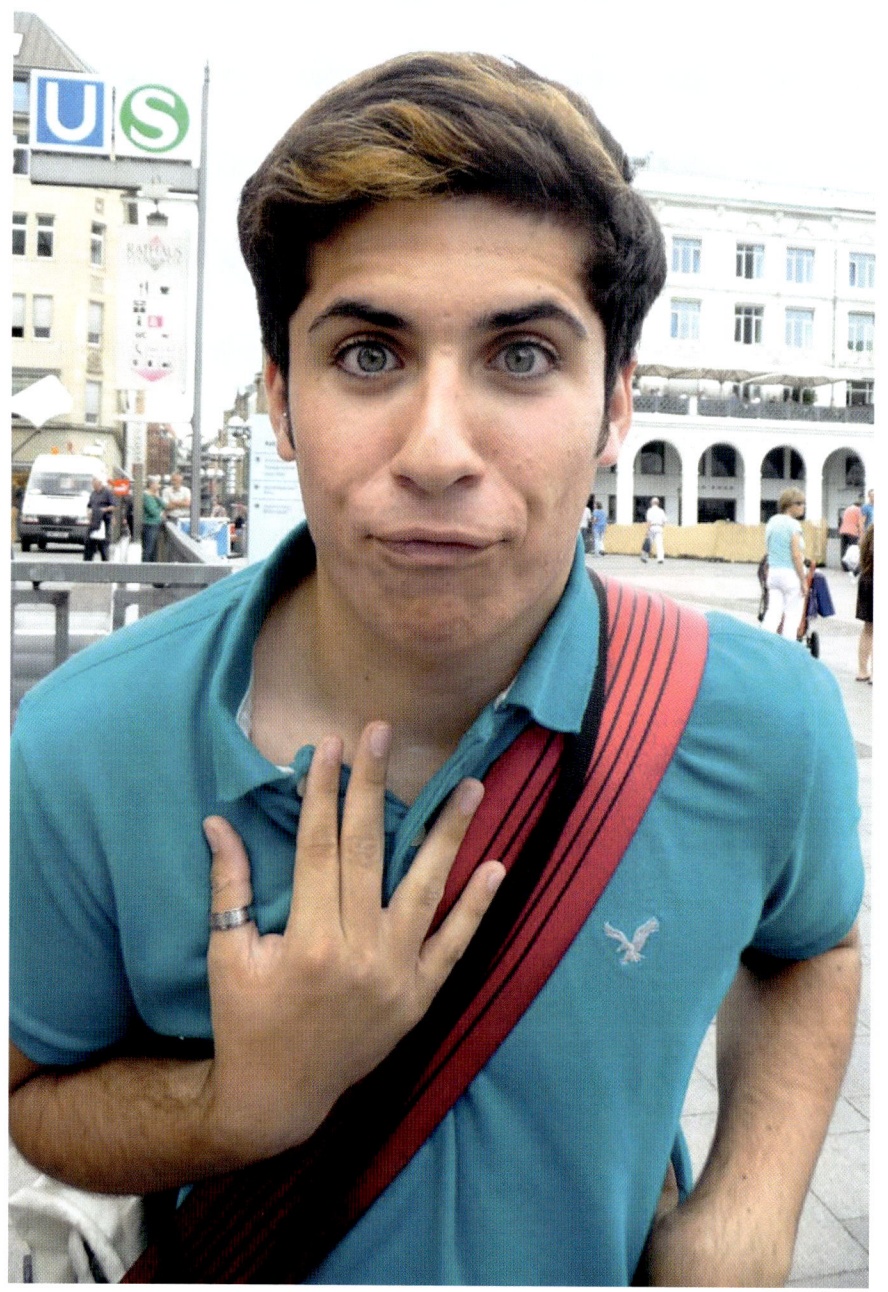

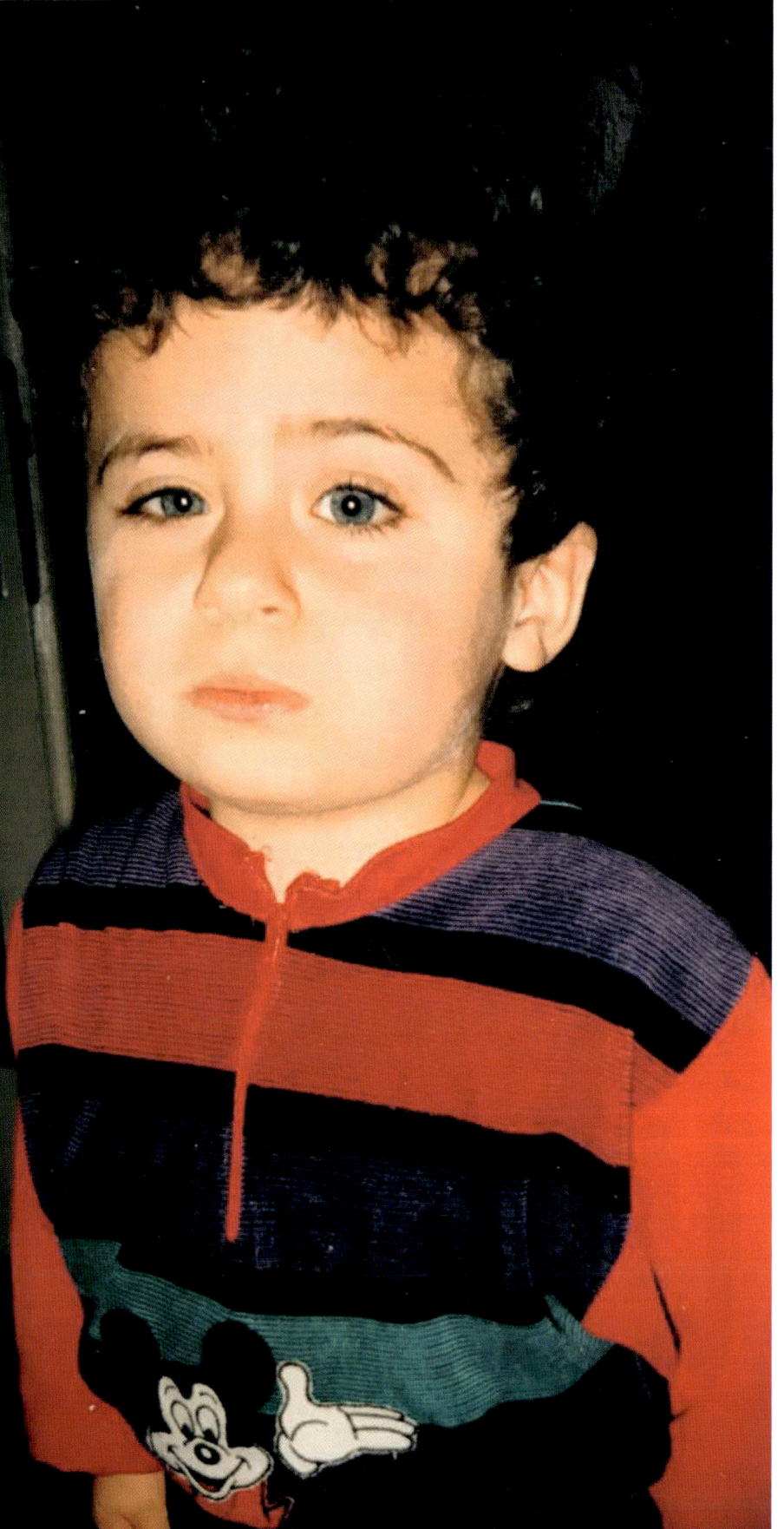

MEINE OMA –
EIN GUTES VORBILD

Wer meinen Kanal regelmäßig verfolgt, hat sie bereits kennengelernt: meine Oma. Mal gibt sie aus dem Off ihren Kommentar zu meinen Outfits ab, mal schminken wir uns gemeinsam und beantworten dabei eure Fragen. Mal schildert sie auch in einem Video, warum sie sich vor meiner Geschlechtsangleichung solche Sorgen gemacht hat. Während meine Mutter, mein Bruder und mein Onkel sagen: »Social Media – schön, dass du das machst, aber wir wollen auf keinen Fall mit ins Bild«, hat meine Oma keine Berührungsängste damit.

Meine Oma ist 1945 geboren. Uns trennen 47 Jahre, fast ein halbes Jahrhundert. Trotzdem stehen wir uns sehr nahe. Zum einen natürlich, weil ich bei meinen Großeltern aufgewachsen bin, zum anderen, weil meine Oma extrem jung geblieben ist – und das im besten Sinne. Sie muss dafür keine bauchfreien Tops anziehen und so tun, als wäre sie Mitte 20. Sie ist nämlich gern über 70 und steht auch dazu.

Nichtsdestotrotz geht sie vier Mal die Woche zum Tennis und fährt überall mit dem Fahrrad hin. Ihre Mutter ist über 80 geworden. Meine Oma rechnet sich also aus, dass sie noch mindestens zehn Jahre zu leben hat. So lange will sie möglichst fit bleiben. Sie ist aber nicht nur sportlich und im Alltag sehr aktiv, sondern auch noch geistig total agil und – was für jemanden wie mich am wichtigsten ist – flexibel im Kopf.

◆ DAS HERZ AUF DER ZUNGE TRAGEN ◆

Obwohl sie sehr konservativ erzogen wurde, es bei ihr früher stets hieß, das macht man nicht und darüber spricht man nicht, hatten wir schon immer einen sehr unverblümten Austausch. Meine Oma meint, dass alles, was man offen anspricht, dadurch neue Aspekte bekommt und man sich selbst so nur bereichern kann. Ihre Überzeugung: Solange man niemanden damit verletzt, sollte jeder in unserer Gesellschaft seine Individualität ausleben dürfen. Für diese Offenheit liebe ich meine Oma.

Ab dem Zeitpunkt, als ich mit sieben Jahren zu meinen Großeltern gezogen bin, war es unsere tägliche Routine, am Mittagstisch über alles zu sprechen. Was steht am Tag so an? Über was macht man sich gerade Gedanken? Abends haben wir uns dann gemeinsam überlegt, wie wir Probleme lösen können.

In unserer Familie gab es nie Geheimnisse. Selbst dann nicht, wenn die Themen extrem unangenehm wurden. Wie zum Beispiel in der Phase, in der ich mich als homosexuell geoutet habe. Schwul? Das war vor allem für meinen Opa total unverständlich. Zu mir hat meine Oma damals gesagt: »Du musst ihn verstehen, es ist nicht leicht für ihn.« Und zu ihm: »Lass den Jungen doch einfach machen. Was stört es dich? Hauptsache das Kind ist glücklich.« Meine Oma war mir gegenüber immer sehr verständnisvoll.

Sie steht hinter mir, akzeptiert und unterstützt mich. Sie ist nicht nur stolz darauf, dass ich mein Abitur und mein Studium durchgezogen habe. Auch private und persönliche Angelegenheiten habe ich ihrer Meinung nach ordentlich und anständig durchgezogen.

Meine Oma sagt immer: Wenn du dein Herz auf der Zunge trägst, dann müssen die Leute wenigstens nicht über dich spekulieren. Sag es lieber direkt heraus, damit dein Gegenüber weiß, was Sache ist – und keine falschen Vermutungen anstellt. Das sei Zeitverschwendung. So wie früher das Getratsche am Gartenzaun.

Meine Oma sagt immer: Wenn du dein Herz auf der Zunge trägst, dann müssen die Leute wenigstens nicht über dich spekulieren.

Auch als ich mich als Trans geoutet habe, ist sie offen damit umgegangen. In ihrem Bekanntenkreis war Trans bisher kein Thema gewesen. Sie hat es dort zu einem gemacht. Plötzlich haben dann auch andere davon erzählt, dass es in ihren Familien, Menschen gibt, die trans sind. Nur hat man nie von sich aus darüber geredet.

Probleme mit meiner Transidentität hatte meine Oma anfangs nur, weil es ihr schwerfiel, mich Jolina zu nennen. Gerade wenn sie von meiner Kindheit erzählt hat. Doch in meinem Verständnis war ich ja auch damals schon Jolina. So wie es jetzt in meiner Geburtsurkunde steht. Aber meine Oma macht es nicht aus Boshaftigkeit, ich war einfach so lange ihr Julian. Der Junge, den sie zum Fußballtraining, zum Boxen und zum Judo geschickt hat. Der dann aber lieber zum Ballett und zum Hip-Hop gehen wollte. Nur auf Tennis konnten wir uns einigen – und da war sie auch immer sehr stolz auf mich.

◆ SENIOR INFLUENCER ◆

Wenn ich mit meiner Oma rede, ist es anders, als sich mit einer Freundin auszutauschen, die genauso alt ist wie ich. Ich habe das Gefühl, sie gibt mir durch ihre Lebenserfahrung eine andere Sicht auf die Dinge. Wenn wir in ähnlichen Lebenssituationen stecken, die der andere schon erlebt hat, können wir uns austauschen und vergleichen.

Ich unterhalte mich generell sehr gern mit älteren Leuten. Sie haben in ihrem Leben schon so viel erlebt und durchgemacht. Ich denke ja heute mit Mitte 20 bereits: »Oh mein Gott, ich habe so viel zu erzählen.« Aber wenn man sich mal deren Leben anschaut! Es müsste eigentlich viel mehr Senior Influencer geben. Von deren Weisheit können noch so viele Menschen profitieren.

Als meine Oma in meinem Alter war, hatte sie bereits zwei Kinder, war verheiratet und Besitzerin eines Eigenheims. Sie hat dabei geholfen, die Firma meines Opas aufzubauen und arbeitete gleichzeitig als Lehrerin. Ich denke mir manchmal: Wie hat sie das nur alles unter einen Hut gekriegt? Sie habe keine andere Wahl gehabt, sagt sie. Wenn die Buchhaltung für die Firma gemacht werden musste, dann musste sie eben gemacht werden. Manchmal dann eben auch in einer Nachtschicht.

Meine Oma ist definitiv ein Vorbild für mich. Wegen ihr habe ich angefangen auf Lehramt zu studieren: Spanisch und Kunst. Damals war ich noch »pseudoschwul«. Ich habe mich geschminkt und bin mit längeren Haaren herumgelaufen. Am ersten Tag als Praktikant an einer Schule haben mich die Schüler und Lehrerkollegen noch komisch angeguckt. Aber als sie merkten, dass ich Qualifikationen hatte, wusste, wovon ich redete, und kein Kindergartenprogramm machte, war ich von jetzt auf gleich komplett akzeptiert.

Das Problem waren leider die Eltern. Ich bin mit denen überhaupt nicht zurechtgekommen. Andauernd bekam ich Anrufe, in denen ich mich für den Unterricht und den Umfang der Hausaufgaben rechtfertigen musste. Dabei war ich damals nur Praktikant. Ich glaube, heute Lehrer zu sein, ist anders als noch vor 30 Jahren. Die Leute hatten mehr Respekt vor diesem Beruf. Es hätte cool sein können, aber nicht unter diesen Umständen. Irgendwann habe ich gemerkt, dass der Lehrerberuf doch nicht das Richtige für mich ist.

Also entschied ich mich, meinen Master nicht zu machen. Nach dem Bachelor habe ich angefangen, im Einzelhandel zu arbeiten – für eine große Make-Up-Marke. Aber als ich dort aufsteigen wollte, wurde mir unmissverständlich gesagt: Du hast ja keine Berufsausbildung, kein passendes Studium. Mein Lehramt-Bachelor war im Bereich Management natürlich nicht besonders hilfreich. Da war es dann auch meine Oma, die mich gefragt hat:

Sie ist unglaublich engagiert, ob nun ehrenamtlich oder aktiv in der Politik.

»Willst du dein Leben lang als Angestellte arbeiten? Auf unterster Ebene?« Nein, das wollte ich auf keinen Fall. Ich wusste, dass ich es schaffen könnte, noch einmal zu studieren. Ich habe mit International Business Management angefangen. Ein Studiengang, mit dem ich im Endeffekt überall etwas werden kann.

Aber meine Oma hat nicht nur auf ihre Familie einen guten Einfluss. Sie ist unglaublich engagiert, ob nun ehrenamtlich oder aktiv in der Politik. Als ehemalige Lehrerin wurde sie Vorsitzende für Bildung in unserem Ortsteil. Sie glaubt immer an das Beste in den Menschen und gibt jedem eine Chance.

Früher, als sie noch Grundschullehrerin war, hat sie eine Frühstücks-AG für Kinder aus finanziell schwachen Familien gegründet. Von ihrem eigenen Geld kaufte sie Brötchen und Müsli für alle, setzte sich morgens um 6 Uhr mit den Kindern hin und besprach, was am Tag ansteht. Gibt es heute einen Test? Seid ihr gut vorbereitet? Habt ihr alle Schulbücher dabei? Ist etwas verloren gegangen? Braucht ihr Zettel? Habt ihr Stifte? Eine wichtige Unterstützung für Kinder, die sonst keine bekamen.

»Wir müssen auf die Kinder setzen, Kinder sind die Zukunft«, sagt sie. Und wenn im Sportverein, in AGs, in Schulen etwas fehlt, dann hängt sie sich rein. Sie verbeißt sich in ein Projekt wie ein Terrier und lässt erst wieder los, wenn alles läuft.

Ich wünschte, ich hätte die Zeit, so viel für andere zu machen, so viel zurückzugeben. Meine Oma kommt aus einer Familie mit vier Kindern und hat sehr viel mitbekommen, wie sie sagt. Es wurde erwartet, dass sie die Schule zu Ende bringt, danach Abi macht und studiert.

Ich bin so dankbar, dass ich eine Oma wie sie habe. Wir halten zusammen. Sie unterstützt mich und ich unterstütze sie. Vor einigen Monaten ist mein Opa plötzlich gestorben. Sein Tod kam sehr unerwartet. Er ist nachts gestürzt und hat sich die Hüfte gebrochen. Bei der Operation ist dann alles schief gegangen, was schief gehen konnte. Meiner Oma ging es nach seinem Tod überhaupt nicht gut. Florian und ich wollten nicht, dass sie allein in dem großen Haus bleibt. So sind wir bei ihr eingezogen. Unsere Familien-WG funktioniert bisher sehr gut.

ERSTE ANFÄNGE
AUF YOUTUBE

In dem Jahr vor meinem Schüleraustausch in den USA verbrachte ich sehr viel Zeit im Internet. Ich wollte mich irgendwie mental auf meinen Auslandsaufenthalt vorbereiten und fing an, mir Videos von englischsprachigen YouTubern anzuschauen. Diese neue Plattform hat mich direkt total fasziniert. Ich habe alles aufgesogen, was es da nur zu sehen gab. Ein Video folgte dem anderen.

Mein absoluter Liebling unter den YouTubern war damals Chris Crocker: Ein schwuler Amerikaner, der gern Frauenkleidung trägt und in seinen Videos einfach nur verrückt war. Berühmt wurde er damit, dass er Britney Spears nach ihrem etwas misslungenem Comeback bei den MTV Music Awards 2007 in Schutz nahm – und unter Tränen ziemlich überzeugend in die Kamera schrie: »Leave Britney alone«. So nannte er passenderweise auch das Video, das millionenfach angeklickt wurde. Chris Crocker hatte einen der meistgeschauten YouTube-Channels aller Zeiten, den er mittlerweile allerdings gelöscht hat.

Auf seinem Kanal hat Chris Crocker früher immer wieder kleine Sketche gemacht, die meist totaler Quatsch waren. Einmal zum Beispiel hat er in der Küche getanzt und getwerkt – und ist seiner Oma damit total auf den Geist gegangen. Ein anderes Mal hat er sich dann auch einfach nur hingesetzt und total abstruses Zeug erzählt: »Die Aliens werden kommen und mich entführen, weil ich so besonders und schön bin.« Nicht gerade hoch qualitativer Content, sondern eher: Kamera an und los. Das fand ich damals aber wahnsinnig unterhaltsam.

Chris Crocker hat mich auf jeden Fall motiviert, meinen eigenen Kanal zu machen. Ich dachte mir: Wenn Leute wie er sich einfach vor die Kamera setzen und frei heraus erzählen, was ihnen durch den Kopf geht, dann kann ich das doch vielleicht auch.

Mein erstes Video habe ich 2008, kurz bevor ich in die USA ging, noch unter dem Namen Julian Mennen hochgeladen. Es war ein ziemlich unprofessioneller Start. Ich habe irgendeinen Mist erzählt: »Hi, ich wollt mich nur mal vorstellen« oder sowas in der Art. Gekrönt wurde es durch mein richtig schlechtes Schulenglisch. Ich bin gar nicht auf die Idee gekommen, deutsch zu sprechen, weil das auf YouTube damals niemand gemacht hat, geschweige denn, dass es eine richtige deutsche YouTube-Szene gab.

Ich besaß auch gar kein Stativ und stellte die Kamera in meinem Zimmer im Haus meiner Oma einfach ins Regal – leicht gekippt, damit der Aufnahmewinkel einigermaßen stimmte. Mich selber positionierte ich so vor dem Fenster, dass ich ein bisschen Licht von draußen abbekam. Außerdem hatte ich die Deckenlampe in meinem Zimmer an. Das Licht war dadurch natürlich viel zu gelb. Aber das war mir alles egal. Ich dachte: Gut, man sieht mich – das reicht.

Was soll ich sagen: Das Video ging nicht direkt steil. Aber wie gut soll so ein erster Versuch auch ankommen? Ich habe dann noch ein paar weitere Videos gemacht. Aber das plätscherte nur so dahin.

◆ VLOG IN THE USA ◆

Als ich dann in den USA war, habe ich angefangen, meinen Schulalltag dort zu filmen – also zu vloggen. Ich habe einfach meinen Alltag wie in einem Tagebuch dokumentiert: »Guten Morgen, ich bin gerade aufgestanden, habe voll schlecht geschlafen. Ich hol' mir jetzt einen Kaffee, dann geht es ab zur Schule. Den Bus bekomme ich wohl nicht mehr, muss ich laufen, dann komme ich heute zu spät.« So hatte ich was zu tun. Im Endeffekt war es das gleiche, was Leute heute als Insta-Stories posten. Ich habe echt eine Menge Videos hochgeladen. Aber immer noch ohne großen Erfolg. Darum ging es mir aber auch nicht – ich hatte Spaß daran mein Leben zu teilen und wollte diese Erfahrung einfach für mich selbst festhalten. Geld verdienen konnte man damals mit YouTube glaube ich noch gar nicht. Es war ein Hobby und hat den Austausch mit neuen Leuten ermöglicht.

Als ich zurück in Deutschland war, hatte ich um die 200 oder 250 Abonnenten. Wirklich sehr überschaubar. Doch dann machte ich mein Tanzvideo. Ich habe einfach ganz laut die Musik aufgedreht, mich dazu einfach wild bewegt, über nichts nachgedacht und gesagt: »Wir schütteln jetzt die ganze negative Energie aus unserem Körper, powern uns aus und alles, was zurückbleibt, ist einfach nur Euphorie. Das ist super!« Das Video hieß »Defeat your depression«. Ich glaube sogar, dass ich das Konzept von einem anderen YouTuber geklaut hatte. Aber egal: Lieber gut kopiert als schlecht selber gemacht.

Das Ganze war total albern, total übertrieben. Und es kam super gut an. Nach nur einem Tag, an dem das Video online war, hatte ich 40.000 Klicks. Für damalige Verhältnisse war das unglaublich viel. In Bremen haben mich sogar Leute in der Fußgängerzone darauf angesprochen: »Oh mein Gott, bist du nicht ›Defeat your depression‹?«

Das Ganze war total albern, über die Spur. Und es kam super gut an.

Das war so krass für mich. Aber nicht im positiven Sinne. Das war mir zu viel. Mir ist in dem Moment erst bewusst geworden, dass das, was ich in meinem kleinen Zimmer mache, wirklich Leute sehen. Dass die Klicks nicht nur eine anonyme Zahl sind, sondern dahinter echte Menschen stecken. Ich hatte plötzlich das Gefühl, dass alles außer Kontrolle gerät. Ich kann nicht beeinflussen, wer meine Videos mal sehen wird. Vielleicht auch meine Lehrer. Was wird das für Konsequenzen haben? Angriff war in dieser Zeit zwar gerade meine Verteidigungsstrategie, aber das war eine Dimension, die ich selber nicht mehr im Griff hatte – das machte mir einfach nur noch Angst.

Denn man muss bedenken: YouTube war damals noch kein Mainstream. Ich kannte niemanden, der zu der Zeit in Deutschland bereits regelmäßig Videos gemacht hat, mit dem ich mich hätte connecten oder austauschen können.

◆ NEUANFANG AUF YOUTUBE ◆

Ich bin also nach Hause und habe das Video sofort gelöscht. Im Nachhinein denke ich mir: Warum bist du so dumm gewesen? Ich hätte es doch einfach online lassen können. Aber nein, es musste weg. Dabei hätte »Defeat your depression« der perfekte Startschuss für einen erfolgreichen Kanal sein können, hätte ich mich nicht abschrecken lassen. Aber gut: hätte, hätte, Fahrradkette.

Danach habe ich YouTube erst einmal nicht mehr weiterverfolgt, habe nur ganz, ganz selten noch Videos gemacht, höchstens alle paar Monate vielleicht. Aber die Internetverbindung im Haus meiner Großeltern war damals auch eh so schlecht, dass es manchmal zwei Tage gedauert hat, bis ein Video hochgeladen war. Mit meinem Kanal ging es also nicht so richtig voran.

Erst als ich dann im Sommer 2011 in eine WG gezogen bin, habe ich wieder angefangen, Videos zu machen. Dazu gehörte auch, dass ich unseren kompletten Umzug dokumentiert habe. Als wir zum Beispiel unsere Küche pink gestrichen haben, sprang ich singend mit »I'm a Barbie girl in my Barbie kitchen« durch den Raum. Alle meine Videos waren immer ein bisschen albern. Ich wollte den Leuten, die sich das ansehen, fünf Minuten Pause vom Alltag geben. Wenn sie durch mein Video etwas zu lachen hatten, egal ob sie über mich oder mit mir gelacht haben, dann hatte das Video für mich seinen Zweck erfüllt. Ich hatte bei der ganzen Sache auch schließlich noch meinen Spaß dabei.

Meine Freunde waren zu der Zeit auf YouTube gar nicht aktiv. Sie konnten auch absolut nicht nachvollziehen, warum ich das mache. Sie wussten
halt, dass ich Aufmerksamkeit schon immer toll fand – egal, ob beim Hip-
Hop-Tanzen oder wenn ich für meine Theater-AG auf der Bühne stand. Ich
mochte es, gesehen zu werden. Meine Freunde dachten, das ist einfach nur
meine nächste Plattform.

Von meinen alten Videos ist heute nichts mehr online. Als ich 2011 mit
meinem ersten Studium, Spanisch und Kunst auf Lehramt, anfing, wurde
uns gleich in der Einführungswoche nahegelegt, alles zu entfernen, was von
uns im Internet existierte. Ein Lehrer, der als »Barbie Girl« durch die Küche
hüpft, ist für viele vielleicht auch eher eine schwierige Vorstellung.

Dabei hatte ich eigentlich gar keinen Bock darauf, meine YouTube-Videos
zu löschen. Ich konnte durch den Auszug bei meinen Großeltern ja gerade
erst richtig loslegen, weil es in unserer WG endlich eine anständige Internetverbindung gab. Ich habe also lange mit mir gehadert, habe dann aber
in einer Hauruck-Aktion doch alle Videos von meinem Kanal entfernt.

◆ ERSTE SCHMINKVERSUCHE ◆

Erst am Ende meines Lehramtsstudiums habe ich schließlich wieder angefangen, Videos auf YouTube zu stellen. Als ich mit dem Bachelor fertig war,
wusste ich, dass ich eh kein Lehrer werden wollte. Der Auslöser für den Neu-
start war die Hochzeitsreise von Florian und mir im September 2013 nach
New York. Ich habe es so genossen, wieder in Amerika zu sein, und schaute
mir total viele Videos auf YouTube an. Dabei habe ich dann gemerkt: »Oh
mein Gott, mich interessieren Make-up-Videos so sehr!«

In New York hatte ich dann die Chance, meine neue Leidenschaft so richtig
auszuleben. Ich ging in die Läden von Sephora und MAC und deckte mich
dort richtig mit Schminke ein. Vor unserer Hochzeitsreise habe ich mir auch ab
und zu mal ein Make-up-Tutorial angeschaut. Dadurch fand ich eine Menge an
Inspiration und wollte alles direkt ausprobieren. Florian war sehr irritiert und
meinte nur dazu: »Hä, was machst du denn da?!« Aber er ging damit recht
locker um. »Mich interessiert das zwar nicht. Aber wenn du es dir angucken

willst: Viel Spaß!« Dass ich nun aber von Kosmetikshop zu Kosmetikshop lief, war für ihn schon strange. Das hatte er nun wirklich nicht kommen sehen.

Dabei gab es nicht diesen einen Moment, in dem ich gemerkt habe, dass ich mich jetzt schminken möchte. Das erste Mal Make-up ausprobiert habe ich bereits mit 13 oder 14, allerdings mit der Schminke von Freundinnen. Richtig ausgetobt habe ich mich dann in unserer Abiwoche, die Null-Tage-Feier hieß. An einem Tag sollten alle Schüler die Geschlechter tauschen. Ziemliches Schwarz-Weiß-Denken – I know. Da bin ich komplett ausgerastet. In der Drogerie habe ich mir Eyeliner, Mascara, Lippenstift und ein wenig Concealer gekauft. Ich dachte: »Oh mein Gott, ich kann ›als Frau‹ in die Schule gehen und niemand findet das komisch.«

Der Übergang zum Schminken fand also fließend statt, war aber immer da und für mich klar. Und ab dem Zeitpunkt, zu dem ich YouTube für mich entdeckt hatte, habe ich mir die passenden Videos angeschaut, in denen Menschen sich geschminkt haben. Auch Männer.

Mein absoluter Lieblingskanal war damals von Gregory Gorgeous. Ein YouTuber aus Kanada, der genauso alt war wie ich. Er hat sich für seine Videos immer extrem gestylt und war komplett geschminkt. Dazu trug er sexy Outfits und hohe Schuhe. Aus Gregory Gorgeous wurde dann irgendwann Gigi Gorgeous. Das hat mich total fasziniert. Und zum ersten Mal in meinem Leben hatte ich das Gefühl, jemanden gefunden zu haben, mit dem ich mich wirklich komplett identifizieren konnte.

◆ DEN ENTSCHEIDENDEN GEDANKENANSTOSS GEBEN ◆

Ein Vorbild wie sie hatte mir immer gefehlt. Ein positives Beispiel dafür, dass jemand, der als Junge geboren wurde, sein Leben auch als Frau leben kann – ohne, dass gleich alles den Bach runtergeht. Ich war fasziniert: »Wow, wo nimmt sie die Kraft her, mit all den Hatern umzugehen? Wie macht sie das?« Gigi Gorgeous hat mir damals den Mut gegeben, meine Transition zu beginnen. Sie war der Impuls, der mir Hoffnung gegeben hat. Weil das Bild, das ich als Kind aus Talkshows kannte, tendenziell eher negativ behaftet war. Ohne sie wäre ich heute nicht da, wo ich bin.

Schon damals, im Grundschulalter, habe ich gedacht, dass die irgendwie wie ich seien. Aber nee, wenn trans-sein bedeutet, dass man so laut und schrill und komisch ist - dann will ich nicht „trans sein".

Es fehlte mir an einem positiv Beispiel, und das hat Gigi Gorgeous mir mit ihrem Outing als trans gegeben. Da ich sie schon vor ihrem Outing kannte, mich unglaublich mit ihr identifizieren konnte, habe ich dann gemerkt , dass „trans-sein" auch andere Facetten haben kann.

Weil ich weiß, was für einen massiven Einfluss Gigi Gorgeous als YouTuberin auf mein Leben hatte, bin ich mir dem Einfluss, den ich auf meine Zuschauer und Community habe, bewusst. Vielleicht nicht für jeden in diesem großen Ausmaß, aber selbst, wenn ich nur eine Person mit dem, was ich mache, erreiche oder darin beeinflusse, Entscheidungen zu treffen, ist das eine große Sache. Ein einziges Video kann den entscheidenden Gedankenanstoß liefern, um den Mut zu fassen, sein Leben zu verändern – sei es, etwas Neues auszuprobieren oder für seine Träume zu kämpfen. Durch die Geschichten, die Menschen in den Sozialen Medien teilen, bekommt man ein Gefühl von Gemeinschaft und versteht, dass man nicht allein mit seinen Sorgen oder Problemen ist. Genau dieses Gefühl kann so viel Hoffnung erzeugen und Menschen Kraft geben, die sich selbst schon aufgegeben haben – und genauso ging es mir.

Aber selbst, wenn ich nur eine Person mit dem, was ich mache, erreiche oder darin beeinflusse, Entscheidungen zu treffen, ist das eine große Sache.

Als wir von unserer Hochzeitsreise zurückkamen, lud ich ein »What's in my bag?«-Video hoch, in dem ich Concealer, Lippenstift und Mascara trug. Nach New York war Make-up ein wahnsinnig wichtiges Thema für mich. Ich habe mich für fast nichts anderes mehr interessiert. Fünf bis sechs Stunden am Tag habe ich mir Tutorials angeguckt, alles aufgesogen, was dort gezeigt wurde, und es an mir selber ausprobiert – auch in eigenen Videos.

Vier Monate nachdem ich mir meine ersten Make-up-Produkte gekauft habe, habe ich dann auch schon angefangen, als Make-up-Artist bei einer großen Kosmetikmarke zu arbeiten und habe während des letzten Semesters meines Lehramtstudiums schon in diesem Bereich gejobbt. Parallel dazu habe ich sehr viele Videos über Make-up gemacht, weil Schminken ja nun auch noch mein Job war. Auf YouTube gab ich den Leuten Schminkanleitungen oder stellte ihnen eine neue Lidschattenpalette vor, die gerade rausgekommen war. Ich wollte mir selbst die Chance geben, um zu sehen, was mit der Plattform möglich ist, wenn ich mich nur mal ein Jahr wirklich auf meine Videos konzentrieren würde. Das tat ich und am 1. Januar 2016 ging eines meiner Videos wider Erwarten total durch die Decke.

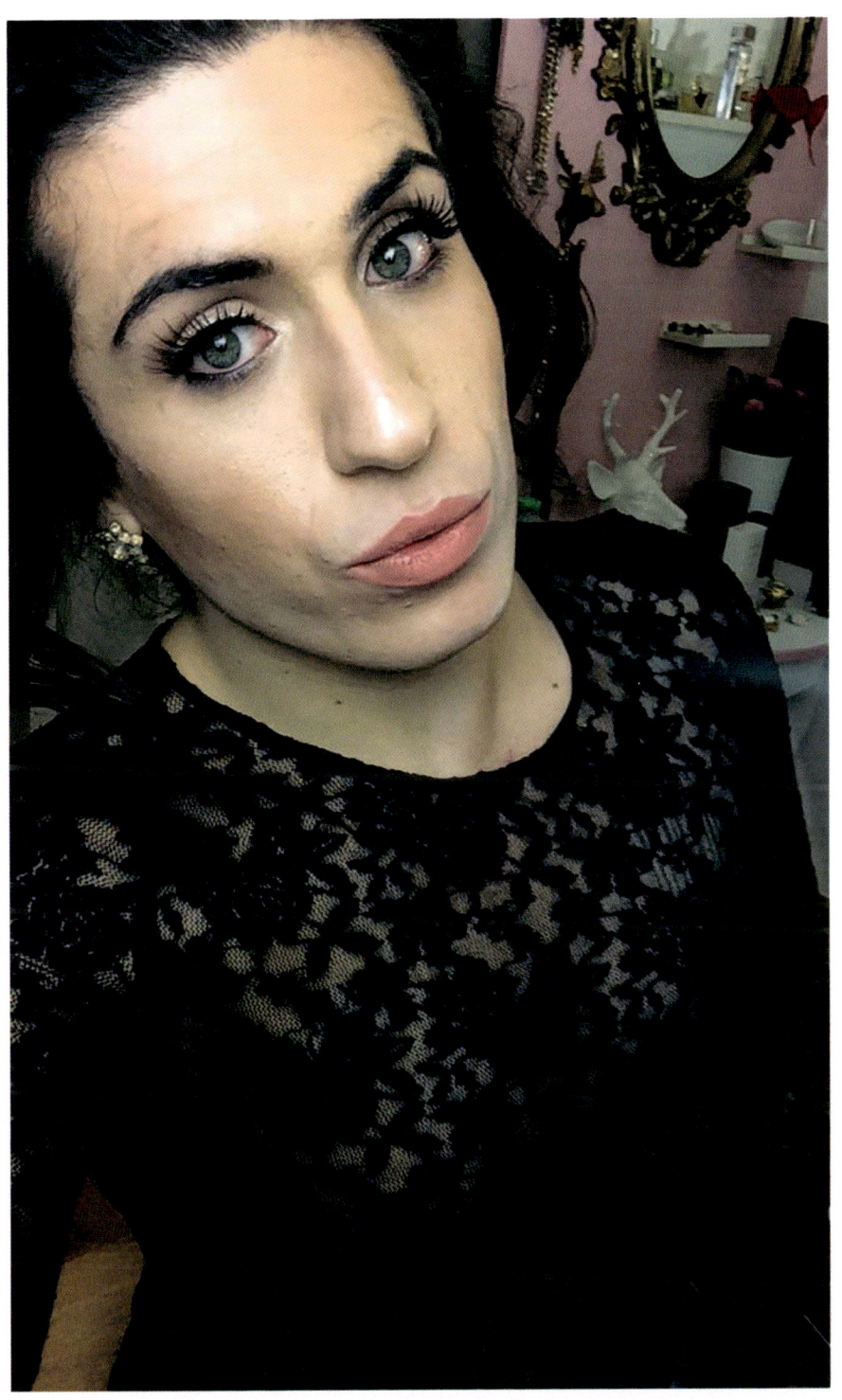

DURCHBRUCH
ÜBER NACHT

Das Video, mit dem ich meinen Durchbruch hatte, hieß »Die schlimmste Nacht meines Lebens«. Darin erzähle ich, wie ich während meines Auslandsstudiums in Madrid überfallen und zusammengeschlagen wurde und danach ziemlich traumatisiert war. Als ich das Video im März 2015 auf meinem Kanal hochgeladen habe, hat es zunächst nicht für viel Aufsehen gesorgt.

Dann passierte, neun Monate später, etwas sehr Skurriles. Mein Video wurde über Nacht 100.000 Mal angeklickt und ich hatte plötzlich 10.000 Abonnenten mehr. Zuerst habe ich gar nicht gerafft, was da passiert war, und dachte nur: »Oh mein Gott, was ist denn jetzt los?«

Ich habe zu der Zeit nicht ständig nach meinen YouTube-Zahlen geschaut. Damals habe ich am Tag vielleicht zehn Abonnenten dazugewonnen. Denn es ist ja auch gar nicht einfach, auf YouTube auf sich aufmerksam zu machen.

Ich war also zunächst einmal ziemlich irritiert. Es wird ja auch nicht angezeigt, warum einem plötzlich so viele neue Leute folgen. Irgendwann habe ich dann herausgefunden, dass es lediglich ein Algorithmusfehler war. Nachdem in der Silvesternacht 2015 die sexuellen Übergriffe in Köln stattgefunden hatten, dachte YouTube, auch mein Video handle davon. Über die Schlagwörter, die ich benutzt hatte (Nacht, Überfall, Trauma), rutschte »Die schlimmste Nacht meines Lebens« in eine Playlist, in der eigentlich nur Nachrichten-Videos zu diesem Kölner Vorfall gesammelt wurden. Dass mein Video viel früher aufgenommen und hochgeladen wurde, inhaltlich rein gar nichts damit zu tun hatte, fiel wohl nicht auf.

Ich bekam dann auch sehr viele Kommentare von Usern: »Hä, das hat doch gar nichts damit zu tun! Das passt doch überhaupt nicht in den Kontext und zum Thema.« Trotzdem hatte ich plötzlich fast 15.000 Follower. Und das alles dank eines Fehlers des YouTube-Algorithmus'.

Ich dachte mir dann: Jetzt habe ich diesen Rückenwind und muss ihn für mich nutzen. Daraus mache ich meinen Lauf. Ab dem Zeitpunkt nahm ich kon-

tinuierlich Videos auf und lud sie hoch. Ich habe versucht, den Leuten spannenden Content zu liefern, damit sie mir und meinem Kanal treu bleiben.

◆ HELLO STORYTIME ◆

Durch den Erfolg von »Die schlimmste Nacht meines Lebens« habe ich gemerkt, dass die Leute sich auch für Videos von mir interessieren, in denen ich aus meinem Leben, aus meinem Alltag erzähle. Vorher ging es auf meinem Kanal ja überwiegend um Make-up.

Ich habe angefangen, mich unter dem Titel »Storytime« vermehrt aufs

Geschichtenerzählen zu konzentrieren. Der Begriff stammt von amerikanischen YouTubern und bezeichnet ein Video, in dem man von einem besonders witzigen, peinlichen oder verrückten Erlebnis berichtet. Das könnte eine Hausparty sein, von der man auf humorvolle und überdramatisierte Weise erzählt, oder ein Blind Date, wo der Typ über sein Alter gelogen hat. Im Prinzip ist es eine Gutenachtgeschichte, aber skandalös, die man sich unter Freunden erzählt.

Storytime-Videos kommen bei meiner Community am besten an. Besonders erfolgreich waren »Die schlimmste Nacht meines Lebens«, »H&M Horrorstory« (in dem ich erzähle, wie mir dort keine Größe 44 passt und die Verkäuferin mich in die Schwangerschaftsabteilung schickt) oder »Vergewaltigung nach K.O.-Tropfen im Partyurlaub«.

Ich denke, die Leute mögen diese Geschichten so sehr, weil mein Leben ziemlich kompromisslos und gerade in meiner Teenagerzeit experimentierfreudig war. Und dazu kommt, dass ich ziemlich gut erzählen kann. Zu mir hat schon einmal jemand gesagt: »Du kannst auch eine Storytime darüber machen, wie du dir die Zähne geputzt hast – selbst die wäre spannend.« Ich habe also ein Talent geschenkt bekommen: Die Leute interessieren sich nicht nur für meine Make-up-Tipps, sondern auch für mich und das, was ich zu sagen habe. Das ist ein Geschenk – darüber bin ich mir bewusst. Eine Meinung ist austauschbar, mein Leben kann nur ich erzählen.

»Du kannst auch eine Storytime darüber machen, wie du dir die Zähne geputzt hast, selbst die wäre spannend.«

Auch über mein Coming-Out habe ich im November 2016 eine »Storytime« gemacht. Denn ich wollte von Anfang an, dass meine Community aus meiner Situation etwas für sich herausziehen oder aus meinen Fehlern lernen kann.

Damals ahnte ich aber bereits, dass ich transidentisch bin. Deshalb nannte ich mich nicht Julian – das war mir zu eindeutig maskulin. Es konnte aber auch noch nicht Jolina sein, denn soweit, mich als eindeutig feminin zu bezeichnen, war ich dann auch noch nicht. Mein YouTube-Name war JJ. »Queen JJ« war eine inszenierte Persönlichkeit, die ich erfunden habe, um mich selbst zu schützen. Ich konnte mich in dieser Rolle ausprobieren und im Falle, dass JJ kritisiert wurde, hat es mich selbst nicht verletzt, denn mir war ja völlig klar, dass die Person aus den Videos nicht wirklich ich war. Heute reagiere ich eher empfindlich darauf, wenn Leute immer noch sagen: »Oh, Queen JJ!« Ich muss mich nicht mehr hinter einer Maske verstecken. Wer sich meine alten Videos einmal ansieht, wird feststellen: Ich versuche immer, pronomen- oder geschlechtsneutral zu sprechen. So bin ich dem Thema möglichst aus dem Weg gegangen.

◆ ACHTUNG, NEUER YOUTUBER! ◆

Durch den Push, den mir die Silvesternacht in Köln gab, und durch meine neue Ausrichtung ist meine Community von 5.000 auf 100.000 Abonnenten gewachsen. Ich war plötzlich ein neues Gesicht, das sich im Bereich YouTube-Deutschland etabliert hatte.

Es lief großartig – und dann habe ich einen Fehler gemacht, vor dem ich alle warnen möchte, die auf YouTube vor dem Durchbruch stehen. Wer auf dieser Plattform Erfolg hat, taucht in eine komplett andere Welt ein, in der unglaublich viele unterschiedliche Charaktere aufeinandertreffen. In dieser neuen Welt muss man erst einmal lernen, sich zurechtzufinden. Denn: Nur weil man jemanden online meint gut zukennen, heißt das noch lange nicht, dass der Mensch privat ganz genauso ist. Das mag dem einen oder der anderen bewusst sein. Ich musste es aber erst einmal lernen. Auf eine recht unangenehme Art und Weise.

Als ich mit meinem Kanal immer bekannter wurde, kamen andere YouTuber auf mich zu und meinten, sie hätten Lust, etwas gemeinsam mit mir zu machen. Und das, obwohl ich so neu war. Ich hatte gesehen, dass alle YouTuber zwischendurch mit anderen drehen, und ich fand, das sei eine coole Möglichkeit. Ich habe mich also riesig darüber gefreut – und deshalb gar nicht hinterfragt, ob das alles überhaupt so Sinn macht und unsere Kanäle zusammenpassen.

Denn tatsächlich muss man sich überlegen, mit wem man für ein Video zusammenarbeitet. Auch wenn man sich auf persönlicher Ebene und privat vielleicht versteht. Denn wenn der andere Kanal nicht zu dem passt, für das man steht, dann versteht die eigene Community nicht, was das zu bedeuten hat. Der Inhalt muss einfach immer noch stimmen.

Mein Image zum Beispiel ist 100 Prozent unverblümt, ehrlich, verletzlich. Ich trage mein Herz auf der Zunge – so wie in meinem Video »Die schlimmste Nacht meines Lebens«. Dafür mochten die Leute mich. Ich zeige in meinen Videos wirklich immer mich. Das machen aber nicht alle YouTuber unbedingt so. Ein paar wollen zum Beispiel gern polarisieren oder auch provozieren. Sie stellen fiktive Figuren online dar. Mir selbst gefällt das nicht. YouTubes Slogan lautet ja schließlich auch »Broadcast yourself«. Also: Sende dich selbst.

Mein Image zum Beispiel ist 100 Prozent unverblümt, ehrlich, verletzlich.

Meine Einstellung und auch Inhalte haben letzten Endes nicht zu den anderen YouTubern gepasst, mit denen ich mich anfangs auf der Plattform gezeigt habe. Deshalb musste ich mich irgendwann von ihnen distanzieren.

Diese Erkenntnis war schlimm, aber ich habe etwas daraus gelernt: Man darf sich selbst nicht aus dem Blick verlieren, sich nicht, wie ich in diesem Falle, mitreißen lassen. Mein Fehler. Natürlich hatte ich damals einfach überhaupt keine Ahnung von dem Business. Ich war vorher nie in den Medien gewesen und musste mich nie mit meinem Image beschäftigen. Ich wünschte, ich hätte es getan.

◆ DAS YOUTUBE-BUSINESS ◆

Inzwischen habe ich circa 280.000 Abonnenten und die Zahl nimmt langsam, aber stetig zu. Seit meinem Durchbruch im Dezember 2015 hatte ich nur einmal einen Monat, während dem ich 20.000 neue Abonnenten erreicht habe. Das Video »H&M Horrorstory« ging im August 2016 durch die Decke.

Aber normalerweise habe ich ganz regelmäßig einen Zuwachs von knapp 5.000 Leuten im Monat. Das ist verhältnismäßig wenig. Es gibt andere YouTuber, die 100.000 an einem Tag dazugewinnen. So war es bei mir noch nie. Aber dafür habe ich mir eine sehr treue Zuschauerschaft aufgebaut. Ich sage immer, wenn du so ein One-Hit-Wonder bist, kann es, so schnell wie es gewachsen ist, auch wieder abflachen. Aber wenn sich deine Community im Laufe der Zeit aufbaut, dann wachsen die Leute mit dir und können deinen Prozess auch nachvollziehen. Mein #TeamJolina kennt mich wirklich als Mensch.

◆

95 Prozent meiner Follower sind Frauen. Das liegt sicherlich daran, dass ich schon viel über Beauty und Mode rede, das interessiert natürlich vor allem die weiblichen User. Und ich glaube, Männer abonnieren lieber die Kanäle von anderen coolen Männern, mit denen sie sich identifizieren können. Oder sie abonnieren heiße Frauen – und ich glaube, dafür bin ich nicht hot genug. Wobei ich seit meiner Geschlechtsangleichung ein paar Männer dazugewonnen habe.

Natürlich macht man sich als YouTuber viele Gedanken über seine Community. Ich glaube, dass meine Follower mich schätzen, weil ich in keiner Weise ein Blatt vor den Mund nehme. Das ist für viele am Anfang ungewohnt. Die Leute sind zunächst einmal irritiert, weil sie mit so viel Freizügigkeit nicht umgehen können. Ich kenne es aber nicht anders.

Einige YouTuber schützen sich und ihr privates Ich, indem sie nicht alles von sich preisgeben oder nur eine gewisse Version online präsentieren. Das ist eine total legitime Entscheidung – im Endeffekt muss jeder natürlich selber entscheiden, wie viel er von sich selbst und seinem Leben preisgeben möchte. Ich zeige mich und mein Leben so, wie es ist. Dadurch ist es vielleicht manchmal ein wenig langweilig oder wirkt aus der Luft gegriffen oder auch manchmal ein bisschen too much. Ich provoziere aber nicht absichtlich oder überlege mir: Was wäre jetzt ein Thema, auf das die Leute total abfahren?

Meine Community weiß immer, was bei mir gerade abgeht. Sie verfolgen nicht nur einen Menschen und seine Inhalte, sie verfolgen wirklich mein Leben. Ich kann mir vorstellen, dass das für viele das Faszinierende an meinem Kanal ist.

Obwohl ich einen extrem engen Freundes- und Familienkreis habe, pflege ich zum #TeamJolina fast einen besseren Kontakt. Es ist nun einmal einfacher, schnell eine Story zu machen als Freunde und Familie abzute-

lefonieren oder WhatsApp-Nachrichten zu verschicken. #TeamJolina weiß daher oft früher über Neuigkeiten in meinem Leben Bescheid als meine Liebsten. Tatsächlich sind viele aus meiner Familie, die sich gar nicht für Social Media interessieren, jetzt zumindest auf Instagram, weil sie sagen: »Es ist mir zu blöd, wenn meine Nachbarn eher Bescheid wissen. Guck ich mir das halt auch an.« Selbst meine Oma schaut und liked jetzt immer fleißig meine Instagram-Posts.

Ich möchte ihnen einfach Danke sagen für all die Unterstützung in den letzten Jahren.

Eine handvoll Leute verfolgt seit drei, vier Jahren kontinu-ierlich jeden Post von mir – und schreibt etwas dazu. Sei's auf Instagram, sei's auf Twitter, sei's auf YouTube. Egal, was es ist, ich weiß, sie sind definitiv wieder mit dabei. Das ist schön und mir natürlich auch wichtig. Manchmal schreibe ich diesen Leuten: »Hey, gib' mir mal bitte deine Adresse.« Dann mach ich für sie ein kleines Paket fertig. Ich möchte ihnen einfach Danke sagen für all die Unterstützung in den letzten Jahren.

◆ JEDER LIKE IST EINE BESTÄRKUNG ◆

Aber #TeamJolina ist ein wichtiger Teil meines Lebens. Ich wäre hardcore überfordert, wenn ich es morgen plötzlich nicht mehr hätte. Sicherlich habe ich im Laufe der Zeit auch ein Mitteilungsbedürfnis entwickelt. Ich will mein Leben mit meiner Community teilen. Und ich kann sie wiederum auch zu den unterschiedlichsten Sachen befragen. In zwei Minuten bekomme ich dann 500 Meinungen – aus denen ich mir ein Bild machen kann. Das ist ein riesiges Geschenk.

Zwischendurch denke ich mir: »Okay, vielleicht mache ich mal ein paar Tage Digital Detox.« Aber ich bin ja nicht in einem normalen Angestelltenverhältnis. Ich kann nicht einfach zwei Wochen Urlaub machen. Die Plattform läuft ja trotzdem weiter. Wenn ich nicht poste, obwohl alle anderen posten, dann fühlt sich das komisch an. Als würde ich etwas verpassen.

Man darf halt auch nicht in Vergessenheit geraten. Die längste Zeit, die ich in den vergangenen fünf Jahren am Stück offline war, betrug 24 Stunden. Das waren dann Tage, an denen ich Operationen hatte, in Vollnarkose war und es mir danach schlecht ging. Aber spätestens am nächsten Morgen habe ich mich wieder gemeldet. Das ist nicht nur Verlässlichkeit. Ich mache das nicht nur für die für meine Community, sondern auch für mich selber.

Für manche Leute ist man nie gut genug.

Und ob ich mir das eingestehen möchte oder nicht: Jeder Like ist eine kleine Bestätigung, ein Zeichen dafür, dass ich gemocht werde. Das birgt definitiv einen Suchtfaktor in sich. Auch führt es dazu, dass ich mich und was ich mache, infrage stelle. Kommen mal ein Foto oder ein Video nicht so gut an, denke ich oft: »Oh Gott, was habe ich falsch gemacht?« Dabei war vielleicht einfach mal das Foto nicht so schön. Außerdem stellt man sich natürlich auch immer wieder die Frage nach der Notwendigkeit des Ganzen. Braucht die Welt mich und meinen Kanal? Man muss stark sein, um das auszuhalten.

Zum Glück bekomme ich nicht viele Hass-Kommentare. Auf die, die ich bekomme, reagiere ich einfach nicht. Manchmal antworte ich, wenn mich jemand absichtlich falsch verstehen will, mich ins falsche Licht rückt oder versucht, eine positive Message ins Negative zu verdrehen. Wenn ich zum Beispiel sage: »Ich finde vegetarische Ernährung ganz, ganz toll.« Dann kritisieren einige Leute: »Sich vegan zu ernähren, wäre aber noch viel besser. Denn als Vegetarier schadest du auch weiterhin den Tieren.« Für manche Leute ist man nie gut genug.

Geärgert hat mich auch ein Kommentar zu unserer zweiten Hochzeit, bei der ich unbedingt ein weißes Kleid tragen werde. Jemand hat geschrieben: »Du wirst trotzdem immer ein Mann bleiben. Chromosomen kannst du nicht ändern.« Dann denke ich mir: »Ja ja, weil Chromosomen so wichtig sind. Wann hast du denn deine das letzte Mal checken lassen?« Ich würde aber niemals auf so etwas Hasserfülltes oder Negatives eingehen. Das ist wie Dynamit und macht es nur noch schlimmer.

Aber dann gibt es wieder so schöne Fan-Momente, die einen glücklich machen. Ich habe eine Zuschauerin, die wie ich trans ist. Sie schrieb mir, dass sie durch meine Videos die Kraft gewonnen hat, ihren Weg einzuschlagen. Vor Kurzem hatte sie ihre Gesichtsfeminisierung beim selben Arzt in Belgien durchführen lassen, bei dem ich auch war. Das hat mich echt zu Tränen gerührt. Ich war fix und fertig und habe den ganzen Tag geheult. Auch weil ich mich für sie so gefreut habe. Ich kann mich selber noch so gut in diese Situation zurückdenken. Ich weiß, was es für einen Menschen bedeutet, der diesen Struggle, dieses Leid, durchmacht.

◆

YouTube ist meine große Leidenschaft. Auch, wenn ich in den letzten Jahren Business Management studiert habe, damit in alle möglichen Bereiche gehen könnte, will ich mir erst einmal kein zweites Standbein aufbauen. Ich möchte mich in den kommenden Jahren auf Social Media konzentrieren.

2008 habe ich damit angefangen, mein Leben zu teilen. Die letzten zehn Jahre über war es aber immer ein Kompromiss: entweder mit der Schule, mit meinem Lehramt-Studium, mit der Arbeit oder zuletzt mit meinem zweiten Studium. Deshalb freue ich mich darüber, nun meinen Kanal endlich in Vollzeit machen zu können.

Dafür habe ich meine eigene Firma gegründet, mache meine eigene Steuererklärung und vermarkte mich selbst. Mittlerweile habe ich einen Angestellten. Das ist zwar alles auf ganz kleinem Niveau, aber ich bringe es mir selber bei.

Geld ist für mich dabei, ehrlich gesagt, erst einmal sekundär. Meine Auswahlkriterien dafür, ob ich für einen Kunden werbe, sind ganz einfach. Ich frage mich: Würde ich dasselbe Video machen, wenn ich dafür kein Geld bekäme? Greife ich nach dem Produkt, auch wenn die Kamera aus ist? Würde ich dafür den vollen Preis bezahlen – auch mit Blick auf meine frühere finanzielle Lage? Jetzt habe ich das Privileg, in einem geilen Job gutes Geld zu verdienen. Aber ich weiß auch noch, wie es war, als Student oder als Kellner mit 600 Euro im Monat zurechtzukommen. Wenn eine der Antworten definitiv Nein ist, dann entscheide ich mich dagegen.

Ich werbe nur für etwas, hinter dem ich auch stehen kann – auch wenn nicht alle meine Follower es toll finden. Klar, ich finde schon, dass Austausch und Dialog wichtig sind. Aber bin ich mit einem Produkt glücklich, stelle ich es trotzdem vor. Denn in erster Linie ist es mir wichtig, das zu machen, worauf ich Lust habe, damit das Ganze nicht fake, aufgesetzt oder gezwungen wirkt. Es ist ja mein Kanal: 100 Prozent Jolina.

KLARSTELLUNG

An dieser Stelle möchte ich erst einmal zwei Dinge klarstellen, sozusagen ein wenig Aufklärungsarbeit leisten, bevor es mit meinem Trans-Outing weitergeht. 1. Trans ist keine Entscheidung, die man trifft. 2. Trans ist auch nicht die Steigerung von schwul. Beides mag den meisten Leuten klar sein, aber trotzdem möchte ich es hier noch einmal betonen.

Also: Transidentität ist nichts, was man irgendwann für sich entdeckt. Es ist ein Zustand, der einem meist schon früh und schnell bewusst wird – so war es bei mir auch. Denn wenn man es genau nimmt, habe ich ja schon im Kindergarten gemerkt, dass das, was ich war, nämlich ein biologischer Junge, für mich nicht stimmte. Ich wurde wie ein biologischer Junge behandelt und das fühlte sich falsch an. Denn ich verstand nicht, wieso ich anders als die anderen Mädchen behandelt wurde. Doch ich wollte versuchen, irgendwie der Norm zu entsprechen – etwas, das von mir erwartet wurde. Ich hatte gehofft, ich könnte mit »dem Kompromiss leben, ein schwuler Mann zu sein.« Denn das war etwas, das ich einschätzen konnte. Mein Leben als die Frau zu beschreiten, die ich eigentlich schon immer war, war zu Beginn meiner Selbsterkenntnis mit so vielen Ungewissheiten behaftet, dass ich mich anfangs sehr davon habe abschrecken und mein Glück in der Warteschleife habe verkümmern lassen.

Als ich mich als trans geoutet habe, dachten meine Großeltern: »Na, Schwulsein hat ihm nicht gelangt, jetzt kommt die nächste Schippe drauf: trans.« Als hätte ich mich dafür entschieden. Aber gerade in Bezug auf Transidentität sage ich immer: Die einzige Entscheidung, die man trifft, ist, wirklich zu sich selber zu stehen. Hätte ich mein Leben weiterhin als Mann geführt, dann wäre es für mich nicht lebenswert gewesen. Meinen Körper meiner Seele anzupassen, war der einzig mögliche Schritt für mich.

Also: Transidentität ist nichts, was man irgendwann für sich entdeckt.

Anfangs hatten meine Großeltern Angst: »Oh nein, unser Enkel wird nicht mehr unser Enkel sein!« Auch manche meiner Zuschauer befürchteten, dass ich

nach meiner Transition, die ja öffentlich passierte, nicht mehr dieselbe sein würde. Am Anfang habe ich ganz viele Nachrichten bekommen, nach dem Motto:
»Wir freuen uns zwar für dich, aber bitte verändere dich nicht zu sehr!« Das war
für mich eine komische Aussage. Natürlich habe ich mich verändert. Der Körper wurde angepasst, die Hormone fingen an zu wirken. Aber dabei bin ich als
Mensch doch dieselbe geblieben. Und trotzdem kam ich mit jedem Schritt, den
ich gegangen bin, näher an mich selber heran. Heute bin ich als Jolina die Frau,
die ich schon immer sein sollte. Dadurch bin ich vielleicht sogar ein besserer
Mensch geworden, denn nun kann ich endlich ich selbst sein.

Julian war nicht die authentischste Version von mir. Vor ein paar Wochen
habe ich mir Videos aus dieser Zeit angeschaut – das war einfach nur komisch. Ich wusste zwar, dass ich es bin, »den« ich da im Video sehe, aber ich verbinde mit dieser Person Julian heute
überhaupt keine Gefühle mehr. Verrückt, wie sehr ich mich
jetzt von »ihm« distanziere. Es ist, als würde ich mich selber
nicht wiedererkennen. Und das nicht, weil ich mein dama-
liges Leben verdrängen möchte, sondern einfach, weil ich
mittlerweile als Frau angekommen bin.

*Jetzt mache
ich einfach
das, was sich
gerade richtig
anfühlt. Ich
lebe aus dem
Bauch heraus.*

Mein Leben als biologischer Mann war ein Kompromiss.
Als Frau habe ich das Gefühl, ich trage mein Herz auf der Zunge und muss
nicht mehr versuchen, irgendwelchen Gendernormen zu entsprechen. Ich
muss mich nicht wie ein Mann geben, mich auf eine bestimmte Art verhalten,
um männlich zu wirken. Jetzt mache ich einfach das, was sich gerade richtig
anfühlt. Ich lebe aus dem Bauch heraus. Und das heißt auch manchmal,
einfach weniger in Schubladen zu denken. Als ich meine Transition begann,
hatte ich unglaubliche Angst davor, als »nicht weiblich genug« angesehen
zu werden, und habe deshalb »das Feminine« oft übertrieben. Mittlerweile
gehe ich auch gerne wieder in der Männerabteilung shoppen und mag es,
verschiedene Styles zu kombinieren, oder gehe auch ungeschminkt vor die
Tür. Einfach weil ich weiß, dass all das nichts mit meiner Identität zu tun hat.
Ich bin, wie gesagt, nicht mehr oder weniger Frau, ob nun top aufgestylt
und geschminkt oder mit unrasierten Beinen und Holzfällershirt.

◆ IDENTITÄT VS. SEXUALITÄT ◆

Oft wird es so wahrgenommen, als wäre trans der nächste Schritt nach schwul. Aber wenn ich zurückschaue, hat die Selbsterkenntnis, dass ich trans bin, ja vor der Tatsache stattgefunden, dass ich mich als schwul geoutet habe. Ich mochte Männer und dachte dann, ich sei schwul. Ich habe nicht meine Identität thematisiert, sondern wen ich interessant finde. Denn ich dachte, es sei unmöglich, meinen Körper, mit dem ich geboren wurde, dem einer Frau anzugleichen.

Die Tatsache, dass ich mich schon immer zu Männern hingezogen gefühlt habe, hat dabei nichts mit meiner Identität zu tun – das ist mir ganz wichtig. Ich habe probiert, homosexuell zu leben. Aber eigentlich, wenn man Sexualität herunterbricht, stehe ich einfach nur auf Männer. Egal, ob als Frau oder früher, als ich versucht habe, »ein Mann« zu sein.

Sexualität und Identität ist für viele Menschen eine Einheit. Aber das stimmt nicht. Ich sage immer: Meine Identität ist, als WER ich ins Bett gehe. Aber MIT WEM ich ins Bett gehe, ist meine Sexualität. Es gibt ja auch Transfrauen, die vorher als biologischer Mann eine Frau geliebt haben und nach ihrer Transition in einer lesbischen Beziehung leben.

◆ SCHUBLADENDENKEN ◆

Wenn es um Sexualität geht, denken immer noch viel zu viele Menschen in Schubladen und müssen anderen Stempel aufdrücken. Nur so können sie sich und ihre Umgebung einordnen. So ist das aber nicht mit Florian. Er nennt sich selbst nicht hetero. Er will keinen Stempel. Er verspürt nicht das Bedürfnis, sich irgendwo zuzuordnen. Er sagt einfach: »Ich liebe Jolina. Wenn ich dadurch dann in einer heterosexuellen Beziehung lebe, dann ist das so.«

Er sagt einfach: »Ich liebe Jolina.«

Dass ich mich irgendwann mal als trans outen könnte, hat er definitiv nicht kommen sehen. Aber ihm war klar, dass ich irgendwie besonders bin. Deswegen hat er sich auch für mich entschieden. Er wollte niemanden nach dem Schema 08/15. Für ihn ist letztendlich der Mensch entscheidend, nicht sein Geschlecht.

Wir haben neulich darüber gesprochen, was wohl passieren würde, wenn wir uns mal trennen sollten oder mir etwas zustößt und er dann »wieder auf dem Markt wäre«. Florian wüsste nicht, nach wem er dann »gucken« würde. Er ist im Laufe der Zeit in dieser Sache sehr viel offener geworden. Er will sich nicht für ein Geschlecht entscheiden, sondern für die Person. Bei mir wäre der nächste Partner auf jeden Fall ein Mann – also für eine Beziehung. Für alles andere würde ich mich jetzt nicht eingrenzen.

Aber wozu braucht man heute überhaupt noch einen Stempel, wenn es doch möglich ist, viel offener mit diesen Themen umzugehen? Jeder sollte unter den unzähligen Möglichkeiten wählen können, was zu ihr oder ihm passt.

Soweit war die Denkweise vor zehn oder zwölf Jahren, als ich mich als schwul geoutet habe, noch nicht. Und Outings braucht heute doch auch eh keiner mehr. Was geht es denn andere Leute an, wie ich empfinde? Dafür muss ich mich auch nicht rechtfertigen – schließlich ist es doch meine Sache. Und Heteros outen sich ja auch nicht. Diese Gedanken werden gerade in der LGTBQIA+-Community kommuniziert. Ich stimme diesen Ansichten größtenteils zu. Wir sollten alle die Möglichkeit haben, die Identität und die Sexualität auszuleben, mit der wir glücklich werden können.

◆

Viele Trans-Menschen stört es, dass Transsexualität immer noch offiziell als Krankheitsbild gilt. Gut finde ich es nicht, wenn überhaupt »nützlich«, da durch den Krankheitsstatus die Krankenkassen einen Großteil der finanziellen Ausgaben tragen müssen. In welchem Umfang man sich entscheidet, seine Transsexualität zu Ende zu führen, liegt für jeden im eigenen Ermessen. Trans ist ja eigentlich die Übergangszeit – die Transition. Für mich persönlich kann ich sagen, dass ich mich jetzt zu keinem Prozent mehr als Mann identifiziere. Ich bin eine Frau. Und da ist es egal, ob ich im Kleid, komplett geschminkt und gestylt auf dem roten Teppich stehe. Oder ob ich morgens mit verwuschelten Haaren und ohne Make-up im Bett liege.

FINALLY FREE

Ich habe mein wahres Ich lange Zeit unterdrückt – leider viel zu lange. Doch irgendwann bin ich an einem Punkt angelangt, an dem ich einfach nicht mehr anders konnte, denn mein Leidensdruck war ins Unermessliche gewachsen und ich habe keinen anderen Ausweg gesehen, als mein Leben endlich als die Frau zu leben, die ich in mir drin eigentlich schon immer war.

Viele Trans-Menschen finden sich irgendwann in einer solchen Hilflosigkeit wieder und sehen keinen Ausweg mehr. Leider endet der damit verbundene Schmerz auch heutzutage noch im Suizid. So schlimm war es in meinem Fall zum Glück nicht, aber auch nur, weil ich ein starkes soziales Gerüst hatte, was mich auch in meinen dunkelsten Stunden unterstützt und mir Liebe geschenkt hat – selbst in Zeiten, in denen ich mich selbst nicht lieben konnte. Bei mir wurden nie Depressionen diagnostiziert, aber auch ich hatte schlimme Gedanken und habe viel und oft geweint – es ging mir psychisch zeitweise wirklich extrem schlecht.

Was die wenigsten Menschen verstehen können, ist der psychische Schmerz und die Hilflosigkeit, die viele Trans-Menschen verspüren. Man fühlt sich oft alleine, gegen den Rest der Welt, denn jedes Mal, wenn man mit dem falschen Namen, Pronomen, der falschen Anrede angesprochen wird, hat man das Gefühl, die menschliche Würde wird einem von jetzt auf gleich entzogen. Als würde man ohne Vorwarnung ein hartnäckiges Pflaster am Herzen abreißen. Und wenn man dann doch für sich selbst einsteht, wird der Schmerz nur herablassend belächelt oder man bekommt zu hören, »man solle sich doch nicht so anstellen«.

Im Januar 2014, mit 21 Jahren, als ich endlich den Mut hatte, es offen auszusprechen, habe ich mich als trans geoutet. Ich war mit zwei Freundinnen, mit denen ich damals Hip-Hop getanzt habe, in Bremen während des Sechstagerennens nachts unterwegs. Meine Tanzmädels und ich standen in einem Club an der Bar, als ich es ihnen gesagt habe, was wahrscheinlich eher ein ungewöhnlicher Ort dafür gewesen ist. Aber so war es wenigstens endlich raus.

Es hat mich zu sehr belastet und musste einfach raus. Mein leicht ange-trunkener Zustand gab mir schließlich den Mut dazu, es laut auszusprechen. Dadurch wurde es Realität. Natürlich gab es danach erst einmal viel Gesprächsbedarf. Wir haben den Club verlassen, haben uns eine Ewigkeit unterhalten.

Es hat mich zu sehr belas-tet und musste einfach raus.

Obwohl es mit viel mehr Konsequenzen verbunden war als mein schwules Outing, schien es mir leichter zu fallen. Denn ich wusste: Das ist das Richtige für mich. Das bin zu 100 Prozent ich, ehrlich und unverblümt.

◆ ALLES STEHT KOPF ◆

Am nächsten Tag habe ich es dann auch Florian gesagt. Er hatte es über-haupt nicht kommen sehen und war total geschockt. Sein komplettes Welt-bild, in dem er sich sicher gefühlt hatte, wurde mit einem Mal auf den Kopf gestellt. Gerade noch lebten wir als »zwei Männer« in einer homosexuellen Beziehung. Und plötzlich war »sein Mann« eine heterosexuelle Frau.

Florian und ich hatten eine massive, lange, hitzige und emotionale Dis-kussion – wir haben beide geweint. Es gab war viel Unsicherheit und das von beiden Seiten. Die natürlich auch Ängste geschürt hat: Was heißt das für unsere Beziehung? Für unsere Zukunft? Für unser Sexleben? Wir wussten nicht, ob wir das zusammen durchstehen können.

Weil Florian mir so wichtig war, habe ich ihm unglaublich lange Zeit gelas-sen, sich mit dem Gedanken auseinanderzusetzen. Er sollte ganz in Ruhe darüber nachdenken, denn ich wusste: Wenn ich jetzt alles übers Knie bre-che, anfange, die ersten Schritte zu gehen – die Leute von der Krankenkasse kontaktiere, mir einen Therapeuten suche –, bevor Florian und ich uns mit der Situation arrangiert haben, dann wird er damit nicht klarkommen und mich verlassen. Das wollte ich auf keinen Fall riskieren, denn tief in meinem Herzen hatte ich die Hoffnung, dass wir zusammenbleiben und beide glück-licher werden als jemals zuvor.

Ich habe also gewartet. Zu diesem Zeitpunkt hatte ich 21 Jahre lang als »Mann« gelebt und dachte: Ein Jahr mehr oder weniger macht mich nicht fertig. Doch ich litt mehr und mehr unter der Situation. Ich erinnere mich noch an einen Sommerurlaub mit Freunden in Málaga. Die Entscheidung mich zu outen, hatte ich bereits getroffen, aber mein Freundeskreis wusste noch nichts davon, und wenn wir am Meer waren, trug ich eine Badehose. Na klar: Ich hatte ja auch noch gar nicht mit den Hormonen angefangen, da war noch gar keine Brust. Und ich hatte ja auch noch nichts angesprochen. Aber ich habe mir so sehr gewünscht, wie meine Freundinnen im Bikini dort liegen zu können und irgendwie angekommen zu sein.

Das ist jetzt fünf Jahre her. Damals hasste ich es, mich vor anderen Leuten auszuziehen, selbst vor meinen engsten Freunden. Ich bin auch nie in die Sauna gegangen. Ich war nicht im Schwimmbad. Selbst wenn ich mich beim Arzt freimachen musste, war mir das sehr unangenehm. Weil mein Körper für mich nicht das war, was er eigentlich hätte sein sollen.

Meine Therapie habe ich erst im August 2015 beantragt. Das heißt: eineinhalb Jahre nachdem ich Freunden und Familie gesagt hatte, dass ich als Frau leben möchte und mich auch offiziell outen würde. Davor habe ich nichts für meine Transition in die Wege geleitet. Eineinhalb Jahre Untätigkeit. Das war ein extremer Verdrängungsprozess.

Als ich später meine Begleittherapie begonnen habe, meinte der Therapeut nur: »Du hättest eher kommen müssen, schon vor einer Ewigkeit. Ich sehe, wie schlecht es dir geht.« Allein, wie ich gesprochen habe und wie ich von meiner Situation erzählt habe, hat ihn zu dieser Einschätzung gebracht.

Klar, ich habe mich auch vorher schon geschminkt. Ich habe als Make-up-Artist gearbeitet, ich habe meine Haare wachsen lassen. Aber ich war immer noch Julian. Und mein Umfeld war irgendwann total irritiert, weil ich nichts gemacht habe. Aber ich wollte Florian einfach die Zeit geben, die er gebraucht hat. Rückblickend betrachtet war das genau richtig.

◆ **UNTERSCHIEDLICHE REAKTIONEN** ◆

Mir ist bewusst, was für ein großes Glück es ist, dass Florian, meine Familie und meine Freunde hinter mir stehen, mir Rückhalt geben. Denn ich weiß: Es geht auch anders. Als mein leiblicher Opa, der Ex-Mann meiner Oma, zu dem ich mein ganzes Leben lang keinen Kontakt hatte, von meinem Trans-Outing hörte, ist er komplett an die Decke gegangen. Angeblich wollte er mich enterben. Das wurde mir über ein paar Ecken zugetragen. In irgendwelchen Vereinsheimen und Kneipen zog er über mich her und sagte, er wäre nicht mehr mein Opa. Das war er für mich sowieso nie. Eine seltsame und unverständliche Reaktion.

Ich habe mir dann gesagt: Um mich mit ihm darüber auseinanderzusetzen, ist mir meine Zeit zu schade. Mir ist egal, was diese Person über mich denkt oder ob sie mich mag. Für mich ist es genauso, als würde eine wildfremde Person mir auf der Straße oder an der Bushaltestelle sagen: »Trans-Menschen sind scheiße! Ich finde dich doof.« Ich habe das zur Kenntnis genommen. Nicht mehr und nicht weniger. Er hat keinen Einfluss auf mich und mein Leben. Dieser Mann existiert für mich gar nicht. Ein Opa zu sein ist meiner Meinung nach nämlich mehr als ein Titel – es ist auch mit Pflichten verbunden. Diesen ist er nie nachgegangen und ich kann die Male, die ich ihn in meinem Leben gesehen habe, an einer Hand abzählen, so jemand ist kein Opa.

Um mich mit ihm darüber auseinander-zusetzen, ist mir meine Zeit zu schade.

Auch von ein paar meiner Follower weiß ich, dass sie nach ihrem Outing als transidente Person von ihren Familien in ihrem richtigen Geschlecht nicht akzeptiert und verstoßen wurden. Mit solchen Geschichten bin ich dann auch überfordert. Ich bin ja keine Expertin oder Therapeutin, die Ratschläge geben kann. Nicht einmal auf meine eigene Erfahrung kann ich mich berufen. Denn die war ja größtenteils gut. Und dazu kommt, dass ich natürlich auch nie die komplette Situation kenne, sondern nur das, was man mir erzählt.

Wenn mich jemand fragt, ob er sich outen soll, egal, ob als trans oder homosexuell, sage ich nicht prinzipiell ja. Ich denke, jeder muss auf sein Bauchgefühl hören. Wenn du dich bereit fühlst, dann oute dich. Aber mache es nicht, weil jemand dir dazu rät. Die Entscheidung kann dir niemand abnehmen. Denn du kennst dich und deine Situation am besten.

Ich glaube, nicht immer sind die Lebensumstände sicher genug, um sich zu outen – weder als homosexuell noch als trans oder was auch immer. Manchmal tut man sich selber einen Gefallen, noch abzuwarten und vielleicht einen Lebensabschnitt zu Ende gehen zu lassen. Wenn man zum Bei-

spiel 17 ist und weiß, dass das eigene Umfeld extrem homophob ist oder die Familie aus religiösen Gründen etwas gegen die LGBTQIA+ Community hat, dann sollte man besser erstmal ein Studium oder eine Ausbildung in einer anderen Stadt anfangen. Oder auch nur ans andere Ende der Stadt ziehen und dort eine WG gründen. Dann ist man in einem anderen Umfeld und kann sich dort ausleben.

Es ist wichtig, sein Leben erst einmal auszuprobieren. Am Anfang kann man ja noch gar keine Erfahrungen teilen, die anderen oft dabei helfen, deine Situation besser zu verstehen. Als ich mich als trans geoutet habe, hat man mich aufgefordert: »Nenn' mir mal eine Situation, in der du dich unwohl fühlst. Oder in der du gemerkt hast, dass du eher eine Frau bist als ein Mann.« Da ich das Rollenbild einer Frau noch nie ausgefüllt hatte, konnte ich dazu nichts sagen. Ich wusste nur, dass ich mich unwohl fühlte.

Ich denke, man sollte seine Situation nicht verstecken. Man muss das Thema aber auch nicht Leuten auf die Nase binden, von denen man weiß, es wird ihnen nicht gefallen. Lieber erstmal machen und der Diskussion aus dem Weg gehen. Wenn man sich dann ausprobiert hat, für sich merkt, dass man sich wohl und sicher fühlt, vielleicht sogar einen passenden Partner gefunden hat und immer glücklicher wird, dann kann man sich immer noch outen. Aber dafür gibt es leider keine Zauberformel. Man muss auf sein Bauchgefühl und sein Herz hören und dadurch den eigenen, richtigen Weg finden.

◆ ÖFFENTLICHES OUTING ◆

Als ich mir selber eingestanden hatte, transident zu sein, war ich zunächst unsicher, ob ich das überhaupt durchziehen könnte. Ich hatte große Schwierigkeiten mir auszumalen, wo ich in zwei Jahren sein würde, wo in zehn oder sogar in 20. Wie lebt man eigentlich als Trans-Frau? Kann man als Trans-Mensch glücklich werden? Diese Frage wirkt heutzutage lächerlich, aber noch vor ein paar Jahren fehlte es mir persönlich einfach an positiven Beispielen.

Ein absolutes Vorbild und ein sehr wichtiges Positivbeispiel hatte ich, wie bereits gesagt, in der kanadischen Youtuberin Gigi Gorgeous gefunden. Sie hat es geschafft, als Frau glücklich zu werden, obwohl sie als biologischer Mann geboren wurde. Warum sollte ich das nicht auch können? Sie hat sich als schwul geoutet, genau wie ich. Danach auch als trans, genau wie ich. Heute lebt sie in einer lesbischen Beziehung mit einer Frau zusammen, hat sich die Brüste und auch das Gesicht machen lassen.

Erst im November 2016 habe ich mich dann offiziell über meinen YouTube-Kanal als trans geoutet – also über zwei Jahre nachdem ich Florian, meinen besten Freunden und meiner Familie von meinen Plänen erzählt hatte. Wären irgendwelche negativen Kommentare oder Anfeindungen gekommen, hätte ich ein Sicherheitsnetz gehabt.

Denn ich wusste, dass die Leute mich ab dem Zeitpunkt, an dem ich meine Transsexualität publik mache, beurteilen würden. Bin ich überhaupt »Frau genug«? Zum Glück gab es aber fast ausschließlich positives Feedback.
Das öffentliche Outing war für mich persönlich extrem wichtig, weil ich so endlich die aufgesetzte und inszenierte Rolle »JJ« ablegen konnte. Ich konnte endlich MICH zeigen, und auch wenn das hieß, mein Schutzschild fallen zu lassen, war es für mich die einzig mögliche Option. Ich kann von meiner Persönlichkeit und meinem Charakter her kein Blatt vor den Mund nehmen und die Rolle online zu spielen, hat sich angefühlt, als würde ich mich selbst verstümmeln. Ich war in einem Gefängnis, das ich mir selbst gebaut hatte, und der Charakter »JJ« hatte sich von einem Schutzschild zu einem Fluch verwandelt. Der einzige Weg raus war, endlich wirklich ehrlich zu sein.

BECOMING JOLINA

Bis ich mich durchringen konnte, zu meinem wahren Geschlecht zu stehen, hatte ich jahrelang gelitten. Ich konnte meine Familie und Freunde davon überzeugen, dass ich mich zwar verändern, jedoch kein anderer Mensch werden würde. Mein Partner wollte sogar mit mir gemeinsam diesen schwierigen Weg gehen.

Ich war also mehr als bereit. Meine Krankenkasse leider nicht. Ich bin dort vorstellig geworden und habe gesagt: »So und so ist meine Situation. Was soll ich jetzt machen?« Alles, was sie daraufhin getan haben, war, mir eine 12-seitige Liste in die Hand zu drücken, auf der alle Bremer Therapeuten und Psychiater standen. »Viel Spaß damit!« Denn in Deutschland, so sagte man mir, muss jede transidente Person, die Behandlungen bezahlt bekommen möchte, erst einmal zur Therapie gehen.

Ich habe also alle Therapeuten auf dieser Liste abtelefoniert. Leider konnte mir keiner weiterhelfen. Ich habe immer wieder gefragt: »Kennen Sie einen Kollegen, der sich mit der Problematik auskennt?« Leider kannten sie keinen.

Ich bin dann ins Internet gegangen und bei Facebook auf die Gruppe »Transgender Germany« gestoßen. Dort habe ich gefragt, ob jemand wiederum einen Kontakt im Raum Bremen kennt, der mir weiterhelfen könnte. So bin ich schließlich zu einem Therapeuten gekommen. Ich weiß tatsächlich nicht, ob ich meinen Therapeuten ohne diese Gruppe überhaupt jemals gefunden hätte. Ganz ehrlich: Facebook ist – was so etwas angeht – besser als die Krankenkasse. Traurig, aber wahr. Viele offizielle Stellen sind einfach nicht auf der Höhe der Zeit.

Viele offizielle Stellen sind einfach nicht auf der Höhe der Zeit.

◆ LANGWIERIGER PROZESS ◆

Im Nachhinein weiß ich, dass der Therapeut mein Styling damals schwierig fand. Später meinte er, ich würde durch Make-up und Kleidung versuchen, typisch weiblich wahrgenommen zu werden. Er dachte, ich würde mein Make-up so stark tragen, weil ich mich selbst nicht Frau genug fühle. Vielleicht sei ich ja auch einfach eine Dragqueen.

Die meisten Trans-Frauen schminken sich wenig, sind eher natürlich. Sie wollen nicht übertreiben, damit es nicht so wirkt, als wollten sie etwas kompensieren, was sie jahrelang nicht hatten. Und ich kam bei ihm mit komplettem Make-up-Look an, weil ich danach direkt zur Arbeit als Make-up-Artist musste. Ich habe versucht, ihm zu erklären, dass Make-up nun einmal Teil meines Jobs sei. Das hat er dann auch irgendwann eingesehen – wenn auch widerwillig.

Mich zu schminken habe ich bei meinen Therapiestunden dann irgendwann komplett sein gelassen. Mein Therapeut hat mir immer wieder gesagt: »Sie sind genauso sehr Frau, egal, ob Sie hier unrasiert mit Bartstoppeln und fettigen Haaren vor mir sitzen – oder komplett zurecht gemacht.« Meine Identität verändere sich dadurch nicht. Mein Aussehen sei kein Kriterium.

Das sehe ich natürlich genauso, aber ich verstehe bis heute nicht, weshalb er immer probiert hat, mir aus meiner Affinität zu Make-up und Styling einen Strick zu drehen.

Nicht jeder möchte mit Make-up etwas kompensieren, zum Großteil macht es auch einfach Spaß und ist eine Möglichkeit zur kreativen Entfaltung.

Natürlich reichte es mir nicht, mich nur als Frau zu kleiden und stylen. Ich wollte auch abends als Frau einschlafen und morgens wieder als Frau aufwachen. Frau zu sein ist ein reales Leben für mich. Dass ich ihm das sagen konnte, war für ihn das ausschlaggebende Argument, um bei mir Transidentität zu diagnostizieren.

Im Großen und Ganzen waren der Mann und seine Therapie okay. Aber bei einer Sitzung ist etwas passiert, das mich extrem gestört hat. Ich hatte einen Moment der Schwäche und habe gesagt: »Ich kann es gar nicht abwarten, bis ich endlich meine Geschlechtsangleichung habe.« Und er meinte, mich dann in die Schranken weisen zu müssen: »Warum fangen Sie denn jetzt an zu heulen? Das ist doch total affig«, hat er gemeint. »Sie sind doch genau so sehr Frau, egal ob mit oder ohne Penis. Ihr Körper wird dadurch vielleicht weiblicher, aber Ihre Identität ist doch jetzt schon die einer Frau, reduzieren

Sie sich nicht auf Ihren Körper.« Damit hatte er natürlich irgendwie Recht. Er wollte mich sicherlich nur in meiner Identität bestärken, mir zeigen, dass ich keine Scheide haben muss, nur um gesellschaftlichen Ansprüchen gerecht zu werden. Trotzdem – in diesem Moment hat es meinen Leidensdruck nicht verringert.

Ich denke, der Arzt hat sich Mühe gegeben. Aber gern bin ich nicht zu ihm gegangen. Ich hatte nicht wirklich das Gefühl, dass mir die Stunden etwas bringen, und fühlte mich dort eher zusätzlich unter Druck gesetzt. Ich glaube auch, mir gefiel es nicht, dass ich hingehen musste und es nicht freiwillig war. Die erforderlichen zweieinhalb Jahre habe ich aber durchgehalten. Die Therapie ging von Dezember 2015 bis Sommer 2018. In der Anfangszeit musste ich einmal die Woche hin, dann wurden die Abstände immer länger.

Ich habe also von dem Therapeuten alle Gutachten bekommen, die ich brauchte. Für die Hormontherapie, die geschlechtsangleichende Operation sowie die Namens- und Personenstandsänderung, bei der sich das Amtsgericht Bremen dann nochmal quergestellt hat, und für die ich deshalb extra ganz nach Münster fahren musste. Man hat es mir wirklich nicht leicht gemacht – typisch Behörden eben.

Spätestens für meinen neuen Ausweis und eine neue Geburtsurkunde, denn da bin ich nun auch als weiblich eingetragen, brauchte ich dann einen Frauennamen. Aus Julian wurde Jolina. Ich wollte nicht komplett anders heißen. Stefanie, Lena oder Paula wären nicht infrage gekommen. Meine Vergangenheit sollte nicht komplett gelöscht werden. Denn mein Leben, das ich unter dem Namen Julian geführt habe, war ja nicht grundlegend schlecht. Und ich bin keine grundlegend neue Person.

Meine Vergangenheit sollte nicht komplett gelöscht werden.

Ich habe ewig auf Websites mit Babynamen gescrollt. Alle Namen mit J, sei's Jule, Jenny, Juliane, waren schon durch jemanden belegt – eine meiner besten Freundinnen heißt zum Beispiel Julia. Wenn ich den Namen höre, muss ich natürlich immer erst einmal an sie denken. Oder ich mochte den Namen einfach nicht bzw. konnte mich damit nicht identifizieren.

Aber dann habe ich Jolina gefunden. Und dachte: »Krass, der ist ja auch von der Buchstabenkonstruktion fast wie Julian.« Im Prinzip muss man nur ein bisschen rumtauschen, ein Teil ist genau wie bei mir und dann ein O statt einem U. Perfekt.

◆ MEIN KÖRPER VERÄNDERT SICH ◆

Ein halbes Jahr nachdem ich die Therapie angefangen hatte, bekam ich mein erstes Rezept für Hormonpräparate: Testosteronblocker und Östrogene, die ich mir in der Apotheke abholen konnte.

Ich weiß nicht, ob ich mir das eingebildet habe, aber ich meine, dass ich genau beobachten konnte, wie sich durch die Einnahme der Hormone das Fett an meinem Körper verlagert hat. Es rutschte vom Bauch auf die Hüften. Ich wurde kurviger. Außerdem wurden die Haare viel feiner und die Haut weicher. Ich hatte früher manchmal Probleme mit Akne, zum Beispiel am Rücken. Das ist durch die Testosteronblocker fast komplett weggegangen. Man sagt ja auch, dass gerade Jungs in der Pubertät so viele Probleme mit Akne haben, weil das Testosteron Hautunreinheiten verursacht.

Aber nicht nur mein Körper veränderte sich. Ich war auch extrem emotional, das kann man sich nicht vorstellen. Ich hatte Gefühlsschwankungen, die nicht mehr normal waren. Ich saß zum Beispiel in der Straßenbahn auf dem Weg zur Uni, sah eine Frau mit Baby auf dem Schoß und musste sofort anfangen zu weinen. Weil mir in dem Moment bewusst geworden ist, dass ich selber nie leibliche Kinder haben werde. Das hat mich in dem Moment so getriggert, dass ich aus dem Nichts angefangen habe zu heulen wie ein Schlosshund.

Oder: Wir hatten einen super schönen Tag, alles war entspannt und dann sagt Florian so etwas wie: »Heute finde ich dein Make-up nicht ganz so schön« – und ich bin an die Decke gegangen. Ich hätte ihn am liebsten mit dem Kopf in den Boden gerammt. Alle Emotionen, die ich hatte, waren vervielfacht. Ich konnte nicht mehr normal empfinden. Ich war nicht traurig, sondern immer direkt tottraurig. Ich war nicht glücklich, sondern über alle Maßen euphorisch. Entweder war ich gefühlstot oder total überspitzt.

Darüber habe ich mit meinem Therapeuten gesprochen, der daraufhin meine Blutwerte überprüfen ließ. Es kam raus, dass ich einen Östrogenwert hatte, der achtmal höher war, als er hätte sein sollen. Die Blutwerte entsprachen einer Schwangeren, die Vierlinge erwartet. Das erklärte natürlich einiges. Wir mussten also etwas unternehmen, damit sich das wieder einpendeln konnte.

Meine Testosteronblocker waren Tabletten, die Östrogene nahm ich aber in Gelform. Man muss sich damit einreiben und dann wird es über die Haut aufgenommen. Es gab die Theorie, dass meine Haut, die zwischendurch schuppig und so trocken wie eine Wüste war, das Gel manchmal stärker aufnahm als sonst. Was die Schwankungen erklären könnte.

Deshalb habe ich angefangen, Östrogentabletten zu nehmen. Eigentlich sind die für Frauen in den Wechseljahren, für Trans-Menschen gibt es leider keine speziellen Medikamente. Die Tabletten werden über den Magen immer gleich aufgenommen und ich habe seitdem eine konstante Östrogenbasis in der richtigen Höhe – zum Glück. Denn Östrogene werde ich einnehmen müssen, bis ich sterbe. Weil ich halt keine Eierstöcke habe, wird mein Körper nie von allein ausreichend Östrogene produzieren können.

◆ WEIBLICHE KURVEN ◆

Durch die Hormone bekam ich ziemlich schnell auch Brüste. Und als die Brustwarzen zum ersten Mal wehtaten, habe ich gemerkt: Okay, da wird etwas größer, es wird straffer und praller. Es war, als würde ich in das Frausein hineinwachsen.

Bei einem männlichen Körper macht es ja keinen großen Unterschied, ob ich meine Brüste anfasse oder meinen Bauch. Es war quasi das Gleiche. Durch die Hormontherapie werden die Brüste dann auch ein Sexualorgan und haben sich ganz anders angefühlt.

Irgendwann hatte ich allein durch die Hormone ein großes A-Körbchen oder auch ein kleines B-Körbchen. Das war schon: Wow! Passte aber nicht zu meinen Körperproportionen. Diese kleinen Brüste und mein Körper, das ging gar nicht. Ich habe einfach so breite Schultern. Ich glaube, wenn ich bei 60 Kilo wäre, und von der Statur eher dünn und zierlich, dann kann ein B-Körbchen super schön aussehen. Da ich aber eher die Statur eines Holzfällers habe, muss da auch ein bisschen Holz vor die Hütte. Nach fast zwei

Jahren auf Hormonen habe ich mir die Brüste operativ vergrößern lassen. Es war einfach eine Anpassung an meine Körperproportionen. Mehr nicht.

Das Schlimmste dabei war tatsächlich die Narkose. Die habe ich gar nicht vertragen und danach ging es mir echt schlecht. Nachdem ich aber zwei Stunden später alles ausgekotzt hatte, war ich wieder topfit. Ich habe die ganze Nacht nach der OP im Bett gelegen und Serien geschaut.

Meine Brüste sind jetzt einfach nur größer. Sie fühlen sich dadurch nicht anders an. Ich habe mich zum Glück schnell an sie gewöhnt.

EIN NEUES
SPIEGELBILD

Durch die Hormone veränderte sich einiges an meinem Körper, nicht nur meine Brust. Meine Haut und meine Gesichtszüge wurden weicher und glatter, meine Hüften bekamen Kurven. Durch eine Laserhaarentfernung hatte ich immer weniger Bartstoppeln.

Aber wenn ich in den Spiegel schaute, sah mich immer noch ein »Mann« an. Ja, der war vielleicht gut geschminkt und zurecht gemacht. Aber auch wenn Hormone und Make-up mein Aussehen weiblicher machten, meine Knochen veränderten sie nicht. Der Schädel blieb in seiner Form, der männlichen. Ich wollte aber auch ungeschminkt vor die Tür gehen können – und niemand sollte Zweifel daran haben: Das ist eine Frau.

Ich entschied mich für eine »Facial feminization surgery«, eine Gesichts-Feminisierung. Dabei verwandelt ein Chirurg durch ein paar Eingriffe typisch männliche Merkmale in typisch weibliche. Es ist quasi eine Geschlechtsanpassung im Gesicht. Das Problem bei dieser Operation sind für die meisten Menschen – mich eingeschlossen – die Kosten. Denn die Krankenkassen übernehmen sie nicht. Warum? Weil eine Gesichtsfeminisierung angeblich nicht zwingend notwendig sei, was ich – nebenbei bemerkt – für Schwachsinn halte. Es geht dabei doch darum, dass ich in meinem Geschlecht wahrgenommen werde. Und nicht darum, dass ich am Ende schöner aussehe.

Natürlich muss nicht jeder Trans-Mensch eine solche OP über sich ergehen lassen, aber wenn man es gerne möchte, dann dürfen finanzielle Mittel kein Knackpunkt dafür sein.

Ich habe mich auf die Suche nach dem allerbesten Chirurgen dafür gemacht, viel Recherche betrieben und einen tollen Arzt in Antwerpen gefunden. Die Vorher-Nachher-Bilder von Operationen, die er gemacht hat, haben mich komplett überzeugt. Die Leute sahen einfach natürlich aus. So wie ich es mir für mich auch vorgestellt hatte. Ich wollte nicht, dass man mich nach dem Eingriff sieht und sagt: »Hey, du bist doch operiert.« Ich wollte mein Gesicht grundsätzlich behalten und nicht zur »Gummipuppe« werden.

Dafür war ich bereit, 20.000 Euro zu bezahlen, auch wenn ich dafür einen Bausparvertrag auflösen musste und alle meine Ersparnisse weg waren.

Bei einer »Facial feminization surgery« gibt es keine Liste, auf der steht, was genau gemacht werden soll. Als ich bei der Vorbesprechung war, habe ich mir auch keine Körperteile aus dem Katalog ausgesucht. Wie man sich verändern möchte, wird individuell besprochen. Zuerst hat der Chirurg mich gefragt: »Was stört Sie an Ihrem Gesicht?« »Dass es männlich aussieht«, habe ich geantwortet. Dann haben wir jeden einzelnen Operationsschritt, den er für notwendig hielt, durchgesprochen.

Meinen Haaransatz war sehr kantig (bei einer Frau ist er in der Regel rundlich), meine Gesichtsform besonders lang und meine Stirnwulst extrem ausgeprägt. Die Stirnwulst ist die Stelle über den Augenbrauen, an der bei Männern der Schädel ein wenig nach vorne tritt. Ich sah fast wie ein Neandertaler aus.

Außerdem war meine Lippendistanz, also der Abstand meiner Nase zur Oberlippe, ziemlich groß. Auch ein typisch männliches Merkmal. Denn in der Pubertät wächst das Gesicht durch Testosteron in die Länge und zieht den Bereich zwischen Nase und Oberlippe auseinander. Aber das größte Problem, nach Meinung des Chirurgen, waren meine sehr markanten, stark ausgeprägten Kieferknochen. Das alles sollte durch die OP weiblicher gemacht werden.

Das einzige, was mich damals in meinem Gesicht aus rein ästhetischen Gründen störte, war meine Nase. Die ist ja nicht besonders männlich oder weiblich – meine war einfach schief. Dabei hatte ich sie nie gebrochen. Sie ist einfach so gewachsen. Weshalb ich auch immer schwer Luft durch sie bekam. In der Schule wurde ich dafür gemobbt. Niemand wollte neben mir sitzen, weil ich so laut geschnaubt habe.

Seit der fünften Klasse fand ich meine Nase schrecklich. Auch optisch. »Kann man daran was machen?«, habe ich gefragt. Da meinte jemand: »Ja, die kann man operieren.« Ich war begeistert. Dass ich meine Nase operieren ließ, war also für niemanden eine Überraschung. Sie kam also auch auf die Operationsagenda.

Als wir alles besprochen hatten, wusste ich trotzdem nicht, wie ich nach der Operation konkret aussehen würde. Der Arzt hatte zwar ein digitales Bild erstellt, aber das war nur eine Idee, eine Vorstellung davon, wie es werden könnte. Wir hatten aber eine gemeinsame Vision für mein Gesicht und waren da auf einer Wellenlänge und so habe ich ihm vertraut.

◆ KEIN EINFACHER EINGRIFF ◆

Am Tag vor der OP, als wir bereits in Belgien waren, hatte ich ungefähr fünf Nervenzusammenbrüche. Ich war so aufgeregt und hatte solche Angst. Vor allem vor der Vollnarkose, weil ich noch nie eine gehabt hatte. Ich bekam eine »Scheiß egal«-Tablette und dann wurde Folgendes gemacht (Vorsicht, jetzt wird's krass und das ist nichts für schwache Nerven!): Zuerst setzte der Chirurg in die Kopfhaut unter meinem Haaransatz einen langen Schnitt und klappte meine obere Gesichtshälfte nach vorne. Dann wurde die komplette Stirndecke herausgenommen, die Stirnwulst herausgemeißelt und wieder neu eingepflanzt. Man hat mir die Nase gebrochen, gerichtet und gekürzt. Die Haut unter der Nase wurde aufgeschnitten und nach oben gezogen, das Kinn verkleinert und von meinem Kiefer wurden gut drei Zentimeter abgeschliffen, sodass mein Gesicht nicht mehr so lang ist.

Nach acht langen Stunden war alles geschafft und die Operation war gut verlaufen. Auch wenn man sich das nicht vorstellen kann: Die Schmerzmittel, die mir verabreicht wurden, waren so stark, dass ich nicht viel gespürt habe. Meine Stirn und mein Vorderkopf waren eh komplett taub, weil durch den Schnitt in der Kopfhaut so viele Nerven beschädigt wurden. Ich habe auf meine Stirn geklopft, aber nichts gespürt. Die Narkose wirkte noch leicht und ich habe fröhlich erst einmal Fotos und Videos gemacht.

Dafür hatte ich später ein ganz anderes Problem: Ich bekam keine Luft. Durch die Kiefer- und Kinn-Korrektur hatte sich viel Schleim und Blut in meinem Mundraum gesammelt und in meiner frisch korrigierten Nase steckten gleichzeitig Tamponagen, sodass ich in der ersten Nacht das Gefühl hatte zu ersticken. Das war das Allerschlimmste.

Ich habe Panik geschoben. Und wenn man hektisch wird, anfängt zu hyperventilieren, dann aber keine Luft bekommt, ist das nicht schön. Wir haben dann noch in der ersten Nacht die Tamponagen aus der Nase gezogen, auch wenn man das eigentlich nicht sollte. Aber so konnte ich einmal richtig Luft holen und heraushusten, was ich an Schleim und Blut noch im Hals hatte. Danach war es viel besser.

Die nächsten Tage trug ich entweder eine Bandage um den Kopf, die alles an der richtigen Stelle fixieren sollte, oder lag mit Kühlpaketen auf dem Gesicht im Bett. Dabei sah ich aus wie ein dicker Hamster mit zwei blauen Augen.

◆ EIN GEWÖHNUNGSPROZESS ◆

Nachdem wir zurück in Bremen waren und die Schwellungen langsam abklangen, musste ich mich erstmal an mein neues Aussehen gewöhnen. Wie schwer mir das fiel, merkte ich, als ich mich vier Wochen nach der Operation das erste

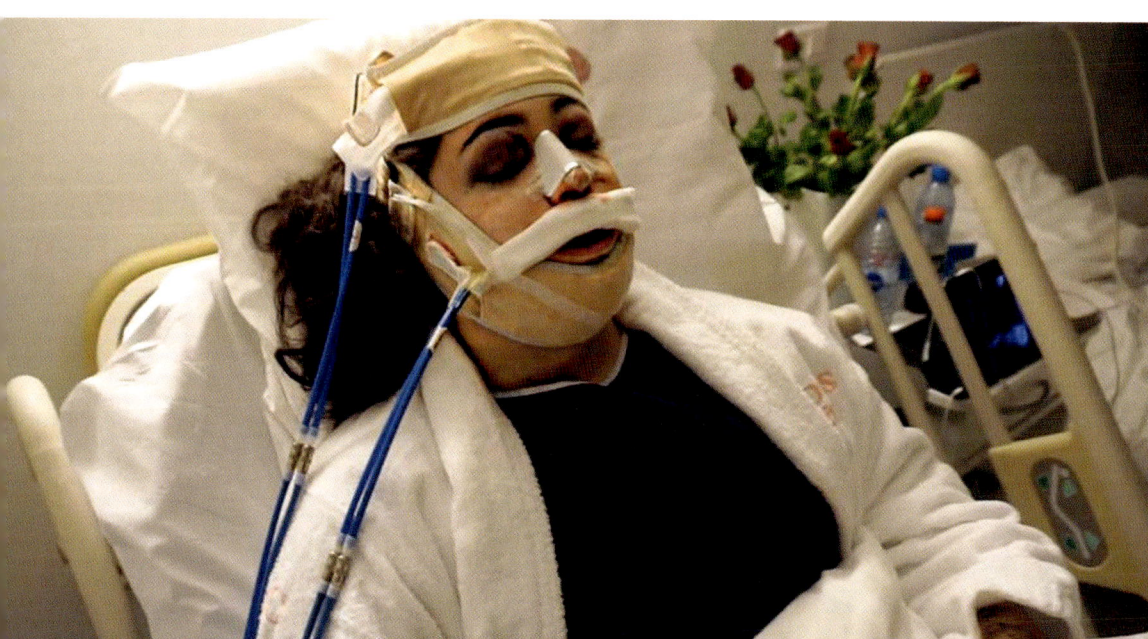

Mal wieder schminken wollte. Ich fing an zu weinen. Nicht, weil ich mir nicht gefallen hätte. Aber ich musste dreimal hingucken, um zu realisieren und zu akzeptieren: Das bin ich. Florian wollte mich beruhigen und meinte: »Schatz, du siehst so schön aus.« Es ging mir aber gar nicht um schön. Es ging mir darum, dass ich mich an mein neues Spiegelbild noch nicht gewöhnt hatte.

Denn auch wenn mein Gesicht im Grunde gleichgeblieben ist, sehe ich nun aus wie meine eigene Schwester. Manche Leute in Bremen haben mich auf den ersten Blick auch nicht gleich wiedererkannt, wie zum Beispiel eine ehemalige Arbeitskollegin, die mir auf der Straße entgegenkam. »Hi Kathi, oh wie schön dich wiederzusehen«, habe ich sie überschwänglich gegrüßt. Sie hat mich nur irritiert angeschaut und gemeint: »Hä, ich check's nicht!« Sie stand voll auf dem Schlauch. Bis ich gesagt habe: »Ich bin's doch, Jolina. Wir haben zusammengearbeitet.« Da fiel es ihr dann endlich wie Schuppen von den Augen.

In Bremen haben die meisten Leute irgendwann mitbekommen, dass ich transident bin. Und auch wenn sie mich mittlerweile als Frau sehen, wissen sie: »Ah, sie hat eine Vergangenheit.« Deshalb war es für mich spannend, als ich nach meinen Gesichts- und Brustoperationen für ein Auslandssemester nach London gegangen bin. Dort wusste ja niemand von meiner Transition. Ich wollte die Zeit als Experiment nutzen, um zu

Denn auch wenn mein Gesicht im Grunde gleichgeblieben ist, sehe ich nun aus wie meine eigene Schwester.

gucken, wie mich die Leute wahrnehmen. Ich habe deshalb kaum jemandem in London erzählt, dass ich als biologischer Mann geboren wurde. Tatsächlich: Niemand hat mich darauf angesprochen oder mich danach gefragt.

Nachdem mir ein Mädel, das ich in London kennengelernt hatte, erzählte, dass sie sich die Nase hat operieren lassen, meinte ich eher nebenbei: »Ja, ich habe auch ein bisschen was machen lassen.« Sie wollte direkt wissen: »Was denn?« Man sähe ja nichts. Da habe ich ihr ein altes Foto von mir gezeigt. Sie hat es erst gar nicht kapiert. Also habe ich ihr erklärt, dass ich trans bin. Sie war sehr überrascht: »Was! Oh mein Gott.« Man hat wirklich gemerkt, dass sie schockiert war. Aber nicht im Sinne von: »Oh, mein Gott, voll schlimm.« Sondern eher: »Damit habe ich jetzt nicht gerechnet.« Das war für mich superschön, weil ich zum ersten Mal gemerkt habe, dass ich allein durch die Gesichts- und Brust-OP bereits als die Frau wahrgenommen werde, die ich wirklich bin.

Weil ich meine Operation allerdings bereits hatte durchführen lassen, bevor meine offizielle Namensänderung akzeptiert war, hat sie mir auch ein paar Probleme gemacht. Am Flughafen in Paris nahm man anscheinend an, dass ich meinem Bruder oder einem Freund den Personalausweis gestohlen hätte. In dem stand nämlich Julian und auf dem Foto war eindeutig ein Mann zu sehen. Die Beamten am Flughafen hatten aber ganz augenscheinlich eine Frau vor sich.

Ich wurde also festgehalten. Knapp zwei Stunden lang saß ich in einem kleinen Raum und habe versucht, mich zu erklären. Das Problem in Frankreich ist ja, dass sie kein Englisch sprechen wollen. Ich habe denen Fotos und Videos von meiner Operation gezeigt und immer wieder gesagt: »Transgender, transgender!« Ich habe sogar versucht, ihnen das ins Französische zu übersetzen. Aber ich glaube, sie wollten mich nicht verstehen. Das war wirklich traumatisierend, weil ich mich einfach nur hilflos und den Autoritäten ausgeliefert gefühlt habe.

Das nur langsame Fortschreiten meiner Transition war aber auch für Florian ein Problem. Mental war er nach meiner Hormonbehandlung und meiner Gesichtsoperation bereits so weit zu sagen: »Ja, du bist meine Frau.« Aber mein Körper war immer noch der eines biologischen Mannes. Das war schwierig für ihn. Und zwischenzeitlich hatten wir auch Phasen, in denen körperliche Nähe für uns beide nicht einfach war.

DAS BESTE
ZUM SCHLUSS

Am 21. Januar 2019 war es soweit: Ich hatte meine Geschlechtsangleichung. Alle meine Operationen waren eine Befreiung für mich. Schritt für Schritt kam ich meinem Ziel näher. Jedes Mal habe ich mich danach so unsagbar viel besser gefühlt. Jetzt kam ich endlich in meinem neuen Leben an. Es war das Beste, was mir passieren konnte.

Ich hatte bereits auf der Warteliste gestanden. Im Gegensatz zu den anderen beiden OPs wurde diese von der Krankenkasse bezahlt. Da ich unbedingt zu einem ganz bestimmten Arzt nach München wollte, der nicht nach der Standardmethode operiert, musste ich mich gedulden.

Bei der Methode des Münchner Arztes bleibt das innere Blatt der Vorhaut an der Eichel und gemeinsam mit der Penishaut werden die Klitoris, das Klitorishäubchen und die kleinen Schamlippen geformt. Harnröhre und die Haut des Hodensackes bilden dann die Scheide.

Gut, das verstehen jetzt wahrscheinlich nur Experten, aber entscheidend ist letztendlich, dass die neue Scheide eine bessere Flora hat, sozusagen gefühlsecht ist. Meine Vagina sieht durch diese Operationsmethode natürlich gewachsen aus. Vielleicht sogar ein wenig symmetrischer, weil es von Hand gemacht ist und nicht von der Natur.

Ich wollte also unbedingt zu diesem Arzt. Dafür hätte ich eigentlich noch knapp zwei Jahre darauf warten müssen. Es war dann einfach das größte Glück, oder ein Wink des Schicksals, dass jemand krankheitsbedingt abgesagt hat und ich dadurch aufgerückt bin.

Als der Anruf kam, dass ich die Möglichkeit hätte, in zehn Tagen meine Geschlechtsangleichung machen zu lassen, war ich trotzdem völlig überfordert. Ich konnte das gar nicht richtig greifen. Angst, die falsche Entscheidung getroffen zu haben, hatte ich zwar keine, aber man ist vor einem großen Eingriff immer nervös. Aber diese Gedanken waren schnell wieder vorbei. Denn ich hatte mir selber versprochen: Ich mache keine Kompromisse mehr.

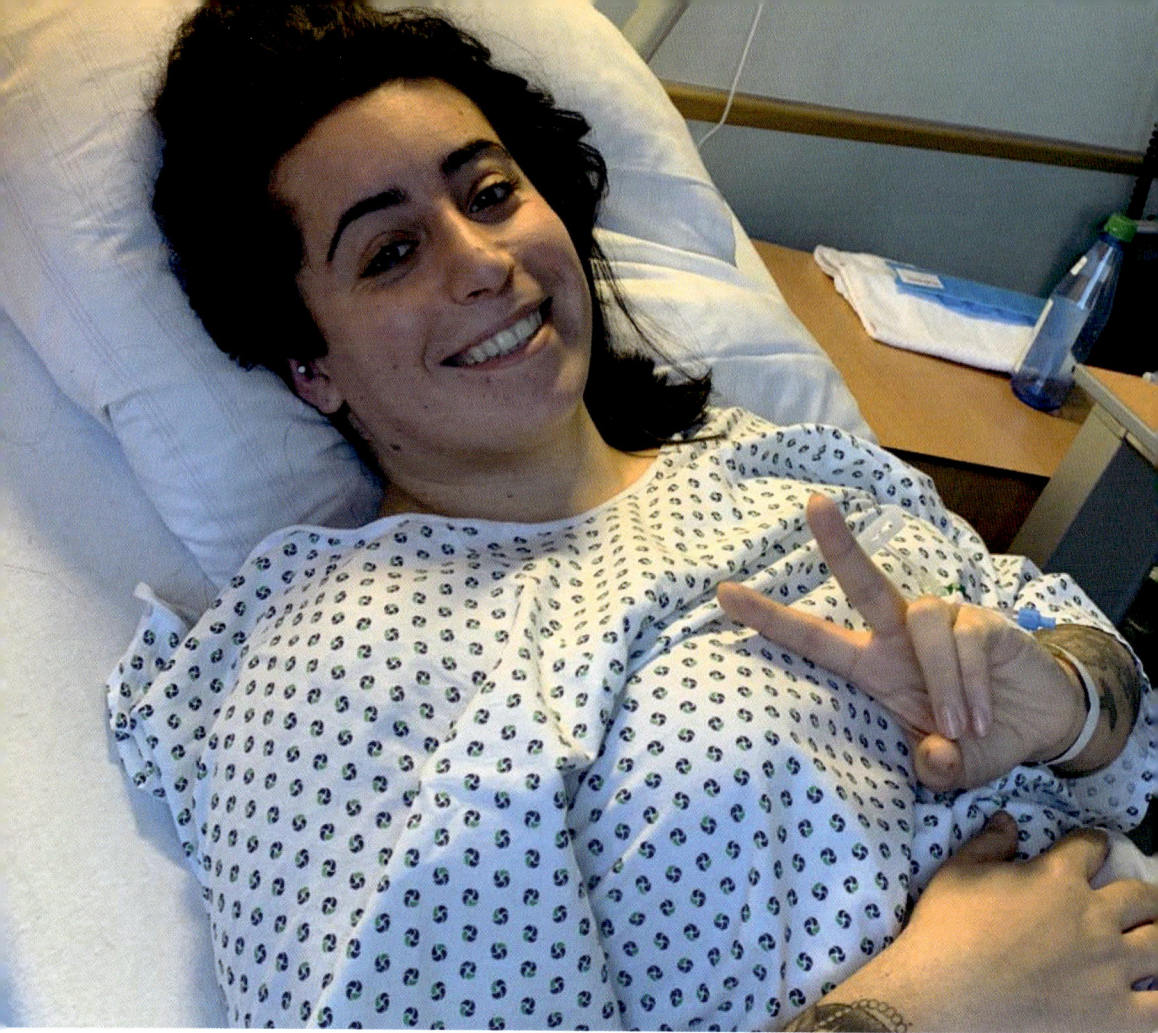

Ich will keinen Penis. Der gehört nicht zu mir. Er ist falsch. Er muss weg. Der Angst davor, dass etwas schief gehen könnte, habe ich nicht erlaubt, mein Glück zu verhindern.

◆ GANZ VIEL LIEBE ◆

Der Anruf kam an einem Freitag. Also habe ich mir das ganze Wochenende über Gedanken gemacht. Am Montag habe ich dann zugesagt. Auch weil Florian komplett hinter mir stand und ohne zu zögern, ohne lange zu über-legen, gesagt hat: »Schatz, wir lassen alles andere stehen und liegen. Egal, was das für Konsequenzen hat. Ich bin da. Ich komme mit. Ich bin zweiein-halb Wochen lang jeden Tag an deinem Krankenhausbett.« Wir sagten alle Termine und Verpflichtungen, die wir hatten, ab.

Die Tage vor der Operation waren ganz komisch. Eine Mischung aus Be-denken und Vorfreude. Immer, wenn ich Leute das letzte Mal vor der OP gesehen habe, gaben sie mir das Gefühl, es sei ein Abschied für immer. Sie haben mehr in die Sache hineinprojiziert, als ich für nötig gehalten hätte. Nach dem Motto: »Hoffentlich geht das bloß auch gut. Es ist ja schon ein großer Eingriff.« Ich war eigentlich total gelassen, aber wenn dir so viele Menschen, die dir am Herzen liegen, sagen, dass sie sich Sorgen um dich machen, überträgt sich das leider auch.

Natürlich waren diese Abschiede auch ein Geschenk. Ich weiß zwar, dass ich von meiner Familie und meinen Freun-den geliebt werde, aber diese Situation hat es mir noch ein-mal gezeigt. Da ist es mir so richtig bewusst geworden. Man sagt sich ja auch nicht täglich »Oh ja, ich hab dich so lieb. Es ist so schön, dass es dich gibt und dass ich dich habe«. Also zumindest machen wir das nicht. Das einmal zu spüren, war sehr schön. Es war fast wie ein Ankommen für mich.

Es war fast wie ein Ankommen für mich.

Die Geschlechtsangleichung ist dann okay verlaufen. Die Operation hat nur etwas länger gedauert. Es waren drei bis vier Stunden geplant, im Endeffekt waren es dann viereinhalb. Sie haben sich Zeit gelassen. Was ja an sich gut ist. Emotional ging es mir danach gleich richtig, richtig gut. Körperlich war ich allerdings schon eingeschränkt. Zwischendurch hatte ich auch immer wieder Schmerzen. Mir wurde ein Stück Schaumgummi eingenäht. Das fühl-te sich an, als würde ich auf einem Stab sitzen. Bei jeder Bewegung tat es weh – eine Woche lang, bis es wieder rausgenommen wurde.

◆ GEMEINSAME GENESUNG ◆

Im Krankenhaus lag ich in einem Drei-Bett-Zimmer. Als ich Drei-Bett-Zimmer hörte, dachte ich – und da bin ich ganz ehrlich – »Ach, du Scheiße!« Aber tatsächlich tat mir die Gesellschaft sogar gut. So fiel mir nicht die Decke auf den Kopf. Ich lag in einem Raum mit zwei anderen Transfrauen, die die gleiche OP wie ich eine Woche vorher hatten. Wir drei waren extrem unterschiedliche Charaktere. Krasser geht es eigentlich gar nicht. Beide waren knapp zehn Jahre älter als ich, die eine kam aus der Gothic-Richtung, die andere war ein bisschen nerdy und eine Computer-Programmiererin.

Trans ist einfach überall. Ich habe so viele Transfrauen und Transmänner im Krankenhaus getroffen, als ich über die Flure gewatschelt bin. Auch wenn mir der Wechsel an Patienten dort schon vorher bewusst gewesen ist, war es doch gut zu sehen, dass sich inzwischen so viele Menschen trauen, zu dem zu stehen, was sie sind. In diesem Krankenhaus wird extrem viel gemacht, unter anderem auch der Penisaufbau und Brustentfernungen.

Nach der Operation war ich sehr gerührt von der Anteilnahme meiner Freunde: Ein besonderes Geschenk habe ich von einer meiner besten Freundinnen bekommen, die ich seit fast zehn Jahren kenne. Sie arbeitet als Krankenschwester auf der Intensivstation. Sie und ihre Mama haben mir zusammen ein Paket gepackt mit Zeitschriften und Süßigkeiten. Dazu haben sie geschrieben: »Wir wissen, was es heißt, im Krankenhaus zu liegen. Da braucht man Ablenkung.« Auch sexy Unterwäsche und einen Vibrator haben sie mir dazu gelegt. Für später und nach dem Motto: »Jetzt bist du voll ausgerüstet.« Da musste ich echt lachen.

Vor der Geschlechtsangleichung war es schwierig für mich, Dessous zu tragen, weil ich im Vorfeld immer alles wegtapen musste. Das ging im Alltag also nicht. Das habe ich nur für Fotos gemacht. Normalerweise habe ich einfache Slips getragen und darüber eine Bauchweghose, die ja auch unten rum recht eng sitzt. So sah der Schritt so glatt wie möglich aus. Das kann ich mir zum Glück jetzt alles sparen.

Auch im Internet waren die meisten Kommentare zu meiner Geschlechts-angleichung positiv. Darüber habe ich mich extrem gefreut. Es gab nur ein paar Ausreißer. Jemand schrieb: »Du kannst dich so viel operieren lassen, wie du willst. Du wirst immer ein Mann bleiben.« In Ordnung, du hast es einfach nicht verstanden, habe ich mir dazu gedacht. Leider war der andere Kommentar wirklich boshaft: »Ich wünsche mir nichts mehr, als dass es Kom-plikationen gibt und du danach verkrüppelt bist.«

Ich weiß wirklich nicht, wo so etwas herkommt, was dahintersteckt. Vielleicht denken die Leute, alles, was neu oder ihnen unbekannt ist, ist schlecht. Aber in erster Linie ist es, glaube ich, einfach Unverständnis. Denn die Tatsache, wie ich mein Leben führe und wie ich zu meinem persönlichen Glück komme, hat bis jetzt niemanden in seiner Freiheit eingeschränkt. Ich habe damit niemandem geschadet. Dadurch, dass ich mittlerweile Jolina bin, ergeht es keinem anderen Menschen da draußen schlechter als vorher. Diejenigen, die das nicht verstehen können und mein Leben und mich selt-sam finden, die werden ja nicht dazu gezwungen, sich meine Videos anzu-gucken. Die sollen es doch einfach sein lassen.

Manchen Leuten wurde möglicherweise auch eingebläut, dass Transiden-te, Schwule, Lesben und alle Identitäten, die nicht der Norm entsprechen, falsch und Sünde sind. Religiöse Menschen betonen ja immer, dass wir von Gott erschaffen wurden und er fehlerfrei sei. Dementsprechend kann ich nicht im falschen Körper geboren sein. Dazu sage ich immer: »Nein, der Körper an sich ist nicht falsch, und ich schlüpfe auch nicht in einen neuen. Aber ich passe den Körper so an, dass er sich für mich richtiger anfühlt.« Aber vielleicht hat sich Gott auch überlegt: Ich schicke Jolina auf diese Rei-se, einfach, weil sie so stark ist, dass sie das schafft. Wie will man sonst aus religiöser Sicht erklären, dass Leute unter schweren Krankheiten wie Krebs leiden? Es kann doch nur eine Herausforderung sein. Oder haben sie einen Fehler begangen? Ist das eine Bestrafung? Nein! Es sind Leute, die, wenn man daran glauben will, in Gottes Augen stark genug sind, das Ganze zu meistern.

Florian war bei meiner Geschlechtsangleichung in München natürlich die ganze Zeit dabei. Er kam morgens ins Krankenhaus, ging mittags kurz weg, um etwas zu essen, und blieb dann bis abends. Er saß quasi den ganzen Tag an meinem Bett, was mir sehr geholfen hat.

Dass er mich nicht wegen meines Geschlechts, sondern als Mensch liebt, das können manche bis heute nicht verstehen.

Dass mein Mann immer noch an meiner Seite steht, bei mir bleibt, »obwohl ich trans bin«, können viele Leute nicht begreifen. Ich habe dazu schon früher Kommentare bekommen. Das Thema kochte nach meiner endgültigen Geschlechtsangleichung natürlich noch einmal krasser hoch: »Jetzt, wo du operiert bist, hast du ja nicht mal mehr einen Penis. Voll Scheiße für Florian. Warte mal zwei Wochen ab, dann verlässt er dich.« Dass er mich nicht wegen meines Geschlechts, sondern als Mensch liebt, das können manche bis heute nicht verstehen. Ich glaube, viele Leute hatten noch nicht das Glück, wahre Liebe zu erfahren. Natürlich ist es für Florian eine Umgewöhnung, aber das heißt ja nicht, dass es schlecht sein muss.

Es gibt immer noch so viel Unverständnis, wenn es um das Thema Transidentität geht. Manche Leute können oder wollen die Gefühlslage und die Situation anderer einfach nicht nachvollziehen. Es ist natürlich immer leicht, auf eine Randgruppe draufzuhauen, um sich dadurch besser oder überlegener zu fühlen, gegenüber jemandem, der vielleicht nicht dem Idealbild der Gesellschaft entspricht.

Die Geschichte hat schon so oft bewiesen, dass Unterdrückung zu nichts führt. Menschen, die andere unterdrücken, werden niemals in ihrem Leben einen solchen Kampfgeist entwickeln wie die Unterdrückten und auch wenn es ein langer und steiniger Weg bis hin zu Gleichberechtigung ist, werden wir die Generation sein, die den Umbruch verursacht und das Leben für nachfolgende Generationen einfacher und lebenswerter macht.

FLORIAN & ICH

Obwohl mein Opa anfangs extreme Probleme mit meinem Schwulsein hatte, war er doch später Florians größter Fan. »Am Ende hat es ja doch zu etwas Gutem geführt«, sagte er immer mit Blick auf Florian. Zugegeben: Diese Argumentation klingt schon komisch. Aber was er damit meinte, war liebevoll gemeint. Er hat Florian sehr gemocht. Und durch ihn mit meinem »Schwulsein« seinen Frieden geschlossen. Für mich ist Florian sowieso das Beste, was mir je passieren konnte. Für mein Leben, in dem ich dachte, ich sei schwul. Aber auch für heute. Für die Zukunft.

Kennengelernt haben wir uns an einem Sonntag im August 2011. Ich war gerade bei meinen Großeltern ausgezogen und hatte mit einer Freundin eine WG gegründet. Die Wohnung, die wir gefunden hatten, war ziemlich runtergekommen. Also hatten wir tagelang nicht nur mit Möbelschleppen, sondern auch mit Renovierungsarbeiten zu tun: Wände streichen, Dinge reparieren und alles auf Vordermann bringen. An einem Samstagabend war endlich alles soweit fertig und wir haben nun ordentlich gefeiert.

Ehrlich gesagt, wäre er mir gar nicht aufgefallen, wenn meine Freundin mich nicht genervt hätte.

Am nächsten Morgen war ich völlig am Ende, verkatert, megahungrig und ganz schön schlecht gelaunt. Und ich sah ziemlich verranzt aus: Dreitagebart, die Haare standen wild in alle Richtungen vom Kopf ab, meine Klamotten hatten Malerflecken. Mein Look an diesem Tag war irgendwas zwischen Macho, Punk und Skater. Obwohl das damals eigentlich gar nicht meine »aesthetics« waren. Ich lief gern aufgestylt herum. Aber während des Umzugs hatte ich dafür einfach keine Zeit gefunden. Meine Freundin, ihr damaliger Freund und ich brauchten ganz dringend Kaffee und etwas zu essen.

Wir gingen in ein Frühstückscafé, in dem Florian damals gearbeitet hat. Ehrlich gesagt, wäre er mir gar nicht aufgefallen, wenn meine Freundin mich nicht genervt hätte: »Schau mal, der Kellner, der steht 100-prozentig auf dich. Sprich ihn mal an.« Ich habe dann öfter zu Florian hingeschaut und war nur so: »Nee!« Ich war mir aber auch gar nicht sicher, ob er überhaupt schwul war. Aber meine Mitbewohnerin meinte, ihn schon von Partys zu kennen, und war der festen Überzeugung, dass er dort mal mit einem Typen herumgeknutscht hatte.

Florian hatte uns auch gar nicht auf dem Zettel, weil es an Sonntagen immer so wahnsinnig voll in diesem Café war. Aber seine Kollegin hatte wohl ein Auge auf mich geworfen und hat ihm von meinen Augen vorgeschwärmt, wie schön die seien.

Irgendwann habe ich mir dann gedacht: »Was habe ich schon zu verlieren? Er kann mir ja höchstens einen Korb geben.« Ich schrieb ihm etwas auf einen Bierdeckel (den wir übrigens immer noch haben):

»Vielen Dank für den Service, Florian. Wir kommen definitiv wieder.« Dazu meine Nummer.

Gefunden hat meine Nachricht Florians Kollegin und hat ihm den Bierdeckel hingeknallt: »Hier, für dich, von Tisch sechs!« Dabei hat sie eine Fresse bis Meppen gezogen, hat mir Florian später amüsiert erzählt. Sie war mega genervt, dass er nicht für sie war.

Florian hatte aber ein ganz anderes Problem. Er wusste ja nicht, von wem die Nachricht stammte. Von mir oder von dem Freund meiner Mitbewohnerin, der ja auch dabeisaß und das komplette Gegenteil von mir war: sehr dünn, blond, Brillenträger, ein bisschen nerdy. Mich fand Florian total toll, aber der Freund meiner Mitbewohnerin wäre nicht so seins gewesen. Das konnte er aber natürlich vorher nicht fragen.

Trotzdem schrieb er mir zwei Tage später eine SMS: »Das mit dem netten Service ist natürlich mein Job. Aber bei Gästen wie euch fällt mir das sehr leicht. Ich würde mich freuen, wenn wir es mal schaffen, uns zu treffen.« Wir verabredeten uns für die Woche darauf in einem anderen Café.

Florian kam direkt nach der Arbeit dorthin und war bereits da, als ich dazu kam. Zuerst einmal war er natürlich happy, dass ich es war und nicht der Freund meiner Mitbewohnerin. Dann guckte er mich aber erst einmal total irritiert an. Ich hatte mich für das erste Date richtig zurecht gemacht, mal wieder die Haare gewaschen und geglättet, ein ordentliches Hemd angezogen. Der Unterschied zwischen völlig verranzt an dem Sonntag im Café und

»aufgestylt to the max« fürs erste Date war groß. Ich bin vorher komplett durchgedreht. Zuerst hat Florian mich gar nicht erkannt. Und dann starrte er mich an und stotterte nur: »Aha! Hi!«

◆ EIN GROSSER UNTERSCHIED ◆

Wir haben uns dann lange unterhalten. Ich habe erst einmal erzählt, dass ich vor drei Monaten Abi gemacht habe, gerade bei meiner Oma ausgezogen bin und jetzt in einer WG wohne. Florian dachte nur so: »Hä! Wie, gerade Abi gemacht?« Dann erzählte er: »Ich arbeite seit zehn Jahren im Café.« Ich war verblüfft: »Moment mal, wie – du arbeitest schon seit zehn Jahren?« Ziemlich schnell wurde uns klar, dass wir uns beim Alter des anderen wohl ziemlich verschätzt hatten. »Wie alt bist du eigentlich?«, fragte Florian verwirrt. Und ich antwortete ganz selbstverständlich: »18! Ich werde in zwei Wochen 19.« Florian ist alles aus dem Gesicht gefallen und meinte nur: »Oh Gott!« »Wieso, wie alt bist du denn?!«, habe ich dann gefragt. »Wesentlich älter als du denkst«, war seine Antwort. Ich dachte, er sei so Mitte 20. Dass es einen Unterschied gab, war mir schon klar. Aber ich fand, dass das noch geht. Und dann sagte Florian nur: »Ich bin 32.« Zwischen uns liegen also 14 Jahre. Das war erst einmal für uns beide komisch. Für Florian war ich ein Kind. Und er für mich: ... über 30! Das war schon eine Ansage, wenn man selber erst 18 ist. Dann erscheint einem das nun einmal uralt. Da hatten wir beide eine ganze Zeit dran zu knabbern.

Zwischen uns liegen also 14 Jahre. Das war erst einmal für uns beide komisch.

Kurz vorweg: Inzwischen ist der Altersunterschied überhaupt kein Thema mehr. Ich wurde sogar schon für die Ältere von uns beiden gehalten.

Trotzdem gaben wir dem Date eine Chance. Zuerst unterhielten wir uns lange im Café. Dann gingen wir spazieren, einmal quer durch Bremen, an der Weser entlang, durch die Wallanlagen am Rand der Altstadt und redeten über Gott und die Welt. Nach acht oder neun Stunden standen wir dann vor dem Weserstadion. Ich weiß nicht mehr, wie das genau kam, aber dort hatten wir unseren ersten Kuss. Direkt beim ersten Date.

So gegen zwei Uhr morgens fanden wir dann, dass wir nach Hause gehen sollten. Und hier gehen die Erzählungen auseinander. Ich bin der felsenfesten Überzeugung, dass Florian wollte, dass ich noch mit zu ihm komme. Aber Florian sagt, das stimme gar nicht. Auf jeden Fall sind wir getrennt nach Hause gegangen, haben uns aber direkt für den nächsten Tag wieder verabredet. Und am nächsten Tag wieder und dann wieder und wieder. Wir haben uns in den ersten zwei Wochen nach unserem Kennenlernen an jedem Tag gesehen. Wir hatten sozusagen 14 Dates hintereinander. Es lief sehr gut. Aber ganz sicher war ich mir mit uns beiden trotzdem nicht. Es hätte ja wieder nur eine Affäre sein können.

Aber dann hatte ich Geburtstag. An einem Samstag wurde ich 19 und wollte am Freitagabend davor reinfeiern. Florian musste arbeiten, hatte aber versprochen, sein Bestes zu geben, um vor 12 Uhr noch auf der Party zu sein. Tatsächlich schaffte er es, knapp vor Mitternacht an meiner Tür zu klingeln. Meine Freunde waren natürlich schon alle da.

Ich habe ihn an der Wohnungstür gefragt: »Mist – wie soll ich dich denn jetzt vorstellen?« Darüber hatte ich mir bis zu diesem Punkt keine Gedanken gemacht. Daraufhin sagte er: »Ist doch ganz klar – ich bin dein Freund.« Und dann sind wir zusammen rein und ich habe ihn allen als meinen Freund vorgestellt.

Und da musste ich erst einmal weinen. Ganz schlimm. Bestimmt eine halbe Stunde lang. Ich habe sozusagen in meinen Geburtstag geheult. Es war das erste Mal, dass ich mit jemandem eine richtige Beziehung hatte. Das sich jemand zu mir bekannt hat. Es war das erste Mal, dass ich das Gefühl hatte, von meinem Gegenüber wertgeschätzt zu werden. Denn bei allen Affären, die ich davor hatte, war mir immer bewusst gewesen, dass ich irgendwann fallen gelassen werde.

Ab diesem Tag übernachtete ich entweder bei Florian oder Florian bei mir. Nach vier Monaten sagte ich meiner Mitbewohnerin, dass ich gerne ausziehen möchte, um bei Florian zu wohnen. Mit jemandem zusammenzuziehen ist ja eigentlich eine große Sache, die viele Paare lange Zeit aufschieben – mehr oder weniger unsicher, ob man sich jetzt wirklich an den anderen binden will. Natürlich hätten wir auch warten können. Aber wir hatten gleich das Gefühl: Ja, es ist einen Versuch wert. Und wir haben uns gesagt, wenn es jetzt nicht klappt, dann klappt das auch in drei Monaten nicht. Warum also nicht probieren?

Es ging alles sehr schnell. Und das, obwohl Florian – zumindest optisch – gar nicht mein Typ gewesen ist. Ich habe immer gesagt: Ich möchte einen blonden, großen, sportlichen Freund. Am besten noch mit hellen Augen. Nun hat Florian »dunkle« Haare und dunkle Augen, ist kleiner als ich und nicht besonders sportlich.

Was ich ganz fürchterlich an Florian fand, als ich ihn zum ersten Mal gesehen habe, waren seine Schuhe. Er trug die fettesten, buntesten, abgespacesten Sneaker, die man sich vorstellen kann. Ich stand in der Zeit auf Chucks und Vans und fand bunt und wuchtig unmöglich. Der absolute Abturner, ehrlich. Schon beim ersten Sehen im Frühstückscafé hatte ich zu meiner Mitbewohnerin gesagt: »Guck' dir diese Schuhe an! Was ist das für ein Mann, der solche Schuhe trägt?«

Aber das sind ja alles Dinge, die auf lange Sicht unwichtig werden. Inzwischen trägt Florian gar keine bunten Schuhe mehr. Er ist generell weniger ausgeflippt angezogen. Früher hat er auch gern bedruckte Comic-T-Shirts getragen. Das ist vorbei. Nur bunt gemusterte Socken zieht er noch an. Und das ist in Ordnung. Generell ist Florian heute eher solide und vom Stil her der alternative Typ – mit Bart, karierten Hemden, Lederboots. Er trägt viel Grau, Schwarz und Naturtöne. Ich sag mal: mein guter Einfluss. Aber mittlerweile findet er das auch gut. Zumindest versichert mein Schatz mir das immer.

Aber am Anfang entsprach Florian wirklich so gar nicht meinem Beuteschema. Da verliebe ich mich einmal ernsthaft in einen Mann und dann sieht er ganz anders aus, als ich ihn mir erträumt hatte. Aber ich habe mich tatsächlich in Florians Art verliebt, nicht in sein Aussehen. Florian hat eine ganz tolle Ausstrahlung. Wie er redet und was er erzählt, waren für mich faszinierend. Ich habe gleich gemerkt, Florian ist jemand, der schon etwas erlebt hat und nicht frisch von der Schule kommt. Das hat mich gereizt. Das fand ich attraktiv.

Nach der Realschule hat Florian eine Ausbildung als Tischler angefangen. Das war aber nichts für ihn und er hat zu einer Lehre zum Koch gewechselt – auch später in der Marine hat er als Koch gearbeitet. Mitte der Neunzigerjahre ist er sogar auf einer Fregatte der Bundesmarine als Schiffskoch zur See gefahren. Danach kam er zurück nach Bremen und fing an, hier und da in der Küche zu jobben. Er half auch im Service, kam so zum Kellnern und hat sich schnell zum Restaurantleiter hochgearbeitet. Schon bei unseren ersten Treffen dachte ich: Der kann einem bestimmt viel zeigen und es wird spannend, die Welt mit ihm zu entdecken. Das tun wir jetzt schon seit acht Jahren.

Im Grunde ist es also völliger Unsinn, sich auf einen Typ festzulegen und somit viele Leute auszuschließen. Denn auch wenn jemand auf den ersten Blick nicht genauso aussieht, wie du ihn gerne hättest, kann er trotzdem der Mensch deiner Träume werden. Manchmal muss man sich von festgelegten Vorstellungen lösen, um so die Person zu finden, die für einen bestimmt ist.

◆ EIN UNGEWÖHNLICHER ANTRAG ◆

Auch Florians Heiratsantrag war nicht gerade so, wie ich ihn mir ausgemalt hätte. Er kam ziemlich spontan und wenig romantisch im Sommer 2012. Wir waren noch kein Jahr zusammen und feierten auf der Hochzeit von Florians Cousine. Die Party war in vollem Gange und wir gingen kurz raus, um ein bisschen frische Luft zu schnappen. Da meinte Florian: »Du weißt ja, wie ich zu Hochzeiten stehe, das überlassen wir den Heteros. Das brauchen wir nicht.« Kurze Pause. »Aber mit dir könnte ich mir das vorstellen.« Was soll man dazu sagen? Ich fragte nur: »Aha, was heißt das jetzt?« Damit konnte ich nichts anfangen. »Tja, es ist das, was du daraus machst«, war seine Antwort. »Hä, ist das jetzt ein Antrag?«, fragte ich. Da hat er nur mit den Schultern gezuckt und ich musste sofort anfangen zu heulen. Damit war unser erster

Antrag durch. Wie gesagt: Nicht ganz so, wie ich ihn mir vorgestellt hatte.

Direkt nach dem Antrag fing ich mein Auslandssemester in Madrid an. Florian musste die ganze Anmeldung für eine eingetragene Lebensgemeinschaft beim Standesamt alleine machen. Für die Planung blieb uns nicht viel Zeit. Wir haben dann mit knapp 60 Gästen gefeiert. Florian und ich trugen den gleichen schwarzen Anzug, maßgeschneidert, dazu Fliege und Westen in einem Beerenton. Zuerst waren wir im Standesamt, das direkt im Bremer Bürgerpark liegt. Danach sind wir zusammen zum Restaurant spaziert, eine ganz tolle Location direkt am See. Dort haben wir nur gegessen und Fotos gemacht. Abends waren wir mit unseren Gästen noch in einer Cocktailbar, in der ich nach meinem Abi gearbeitet habe und wo uns alle kannten. Allzu lange haben wir gar nicht gemacht. Am nächsten Morgen um sechs mussten wir zum Flughafen, um für unsere Hochzeitsreise in die USA zu fliegen.

Unsere Feier war klein und fein – und in dem Moment genau das Richtige für uns. Aber meinen Traum hat sie nicht erfüllt: Ich wollte schon immer in einem weißen Kleid »Ja« sagen. Und natürlich war auch der Heiratsantrag noch ausbaufähig. Er war ja mehr eine Feststellung gewesen (»Dich würde ich heiraten«) als ein Antrag (»Willst du mich heiraten?«).

Also hatten Florian und ich die Idee, noch ein zweites Mal zu heiraten. Als Mann und Frau. Natürlich nach einem ordentlichen Antrag. Ich habe Florian gesagt, dass mir drei Dinge wichtig sind: Ich möchte, dass er geplant ist, dass es romantisch ist und eine Überraschung. Ich möchte es vorher nicht wissen oder auch nur erahnen.

◆ DIE ZWEITE HOCHZEIT ◆

Tatsächlich kam der Impuls dann von einer meiner besten Freundinnen. Wir waren mit unserem Freundeskreis im September in Dänemark im Urlaub. Es sind so um die zehn Leute, mit denen ich zusammen in der Schule war und die mir schon damals immer den Rücken gestärkt haben.

Die Freundin wusste, dass ich im geplanten Urlaub Geburtstag haben würde. Sie rief Florian an und meinte: »Wir sind in Dänemark, Jolina hat Geburtstag, meinst du nicht, das ist eine gute Chance, um ihr da einen Antrag zu machen?« Meine Freunde wären alle dabei, ich würde bestimmt nicht damit rechnen, dass er mir den Antrag dort macht und sie könnten ihm alle bei der Vorbereitung helfen.

Hinter meinem Rücken haben sie dann alles arrangiert: einen Ring ausgesucht, Rosenkanonen bestellt, Fackeln besorgt, das ganze Drumherum organisiert. Am Samstag, den 1. September, fuhren wir los. Am Montag war dann mein Geburtstag. Florian wirkte die ganze Zeit irgendwie nervös auf mich. Aber er meinte, das sei bloß wegen meines Geburtstags, er möchte uns allen ein großes Essen kochen und müsste dafür noch alles vorbereiten. Das erschien mir logisch. Ich habe also wirklich nichts geahnt.

Dann kam schließlich der Tag. Alle wussten Bescheid, nur einem Freund

hatte niemand etwas verraten. Aus gutem Grund: Er verplappert sich immer. Der ist total verpeilt. Erst an meinem Geburtstag hat Florian ihn eingeweiht. Er war total beleidigt. Und dann hat er tatsächlich, zwei Stunden später, aus Versehen doch etwas durchscheinen lassen.

Als wir nachmittags alle am Tisch saßen und die ersten Drinks nahmen, trank eine Freundin nicht mit. Also habe ich sie gefragt: »Warum trinkst du denn nichts? Es ist doch mein Geburtstag!« Sie wusste nicht, was sie sagen sollte. Da meinte der verpeilte Freund plötzlich: »Ist doch klar, dass sie nichts trinkt. Wir müssen doch später noch fahren.« Totenstille. Alle waren total erschrocken. Nun wurde ich ganz hellhörig: »Wie, fahren? Wohin?«

Ich hatte meinen Geburtstag eigentlich so geplant, dass wir alle zusammen den ganzen Tag in unserem Ferienhaus bleiben, auf der Terrasse sitzen, eine gute Zeit haben und feiern. Ganz entspannt.

Der verpeilte Freund stotterte nur: »Ach so, ja einkaufen fahren.« »Aber wir waren doch heute Morgen schon einkaufen. Wir brauchen doch nichts mehr«, meinte ich. Ich ließ einfach nicht locker. Man kann ganz schlecht Dinge vor mir geheim halten, weil ich so neugierig bin. Ich frage nach und höre damit nicht wieder auf. Aber irgendwann hatten sie mich überzeugt, dass sie noch eine Überraschung für meinen Geburtstag planten und dass ich jetzt aufhören solle nachzufragen, denn sonst würde ich sie mir selber versauen.

Man kann ganz schlecht Dinge vor mir geheim halten, weil ich so neugierig bin.

Ich sollte einfach mitmachen, meinen Bademantel, den ich um 15 Uhr immer noch anhatte, ausziehen und mir ein Kleid überwerfen. Sie konnten mich sogar überzeugen, dass ich duschen gehe, mir die Haare wasche und mich schminke. Wozu ich gar keinen Bock hatte.

Ich wollte einen entspannten Geburtstag. Stattdessen bekam ich eine Augenbinde und meinte nur: »Leute, übertreibt es nicht! Es ist mein 26. Geburtstag. Nicht mein 30. Was passiert hier? Wir sind mitten im Nichts, irgendwo in Dänemark. Was soll das?« Ich war total irritiert, überfordert, genervt. Man setzte mich ins Auto. Wir waren zu viert. Der Rest fuhr in anderen Autos und direkt zum Strand. Wir kurvten wahllos durch die Gegend, während die anderen dort alles aufbauten. Sie verteilten die Fackeln, Lichter und

Rosenblätter. Erst als alles fertig war, durften auch wir kommen.

Kurz bevor wir am Strand ankamen, ahnte ich plötzlich etwas. »Oh mein Gott, oh mein Gott, nimm mal meine Hand!«, habe ich meine Freundin gebeten. »Ich habe gerade eine Vermutung, was jetzt passiert. Wenn das passiert, fange ich jetzt an zu heulen.« Ich weiß bis heute nicht, woher dieser Geistesblitz kam. Florian hat mich später so oft gefragt: »Womit habe ich mich verraten?« Und ich kann immer nur sagen: Es war irgendwie eine Eingebung.

Florian wartete in einem Herz aus Fackeln, meine engsten Freunde standen Spalier.

Nachdem wir angekommen waren, haben meine Freunde mich runter zum Strand geführt und mir die Augenbinde abgenommen. Es dämmerte gerade. Die Sonne ging unter. Das perfekte Timing. Florian wartete in einem Herz aus Fackeln, meine engsten Freunde standen Spalier. Da habe ich sofort angefangen zu heulen. Es war eine Überraschung, es war tierisch romantisch und offensichtlich geplant. Es war perfekt.

Ich lief zu Florian, er ging auf die Knie und sagte, dass er das Ja-Wort noch einmal mit mir als Frau besiegeln will und dass er mir die Chance geben möchte, in einem weißen Kleid traumhaft auszusehen.

Auch unsere zweite Hochzeit werden wir in Bremen feiern. Es wird eine freie Trauung geben. Formell gesehen sind wir ja noch eine eingetragene Lebenspartnerschaft. Wir hätten sie seit der Gleichstellung der Ehe auch einfach umtragen lassen können. Wir wollten aber unbedingt noch einmal richtig heiraten und nicht einfach nur beim Standesamt anrufen und sagen: »Tragen Sie das bitte um.« »Ja ok, fertig.« Das wäre mir nicht genug Zeremonie gewesen.

Jetzt werde ich ein weißes Kleid tragen, Florian einen schwarzen Anzug. Rund 90 Gäste sind eingeladen, dabei zu sein, wenn wir uns das zweite Mal das Ja-Wort geben – ganz offiziell als Mann und Frau.

◆ DIE ZUKUNFT ◆

In letzter Zeit machen wir uns viele Gedanken um unsere Zukunft. Florian hat im Sommer vor meinem Auslandssemester aufgehört, in der Gastronomie zu arbeiten. Wir wollten unbedingt zusammen nach London gehen und die Erfahrung gemeinsam machen. Seitdem hilft Florian mir mit meinem Kanal. Er arbeitet also momentan für mich. Er ist mein »Instagram Husband« und ich bin die, die das Geld nach Hause bringt. Damit hat Florian kein Problem. Im Gegenteil: Er sagt es mit Stolz. Er kann sich in der Rolle des Hausmannes total sehen und macht alles, was im Haushalt anfällt. Er kocht, putzt und kümmert sich um unseren Hund Loui. Für Florian wäre es eine totale Verschwendung, wenn wir mein Potenzial nicht ausnutzen würden.

Wir haben dieses Jahr ein Haus gekauft und wollen in den kommenden Jahren eine Familie gründen. Wir wollen ein Kind adoptieren. Was sicherlich nicht einfach wird. Auch wenn ich offiziell vom Staat als Frau anerkannt bin und wir behandelt werden wie jedes andere Paar. Uns sitzt die Zeit im Nacken. Bei fast allen Adoptionsagenturen gibt es ein Maximalalter des Paares von zusammen 75 Jahren. Florian und ich haben also nicht mal mehr fünf

Jahre Zeit. Wir müssen uns dringend kümmern, relativ zeitnah alles in die Wege leiten. Bislang haben wir uns nur ganz viele Broschüren bestellt und im Internet recherchiert, Bücher und Erfahrungsberichte gelesen.

Eine Leihmutterschaft kommt für uns nicht infrage. Es gibt so viele Kinder da draußen, die ein Zuhause brauchen. Florian hat eine Adoptivschwester, die in die Familie gekommen ist, als Florian sieben Jahre alt war. Sie ist nur ein Jahr älter als er. Er hat noch eine zweite Schwester, die zwei Jahre jünger ist. Er fand es total schön, ein extra Familienmitglied dazu zu bekommen. Für Florian ist eine Adoption also etwas ganz Normales.

In Deutschland ist eine Adoption heute allerdings so gut wie unmöglich. Im Prinzip musst du Mitte 20 sein und ein Jahreseinkommen von 200.000 Euro aufwärts haben. Am besten arbeiten beide auch noch von zu Hause. Oder sie sind so reich, dass sie gar nicht arbeiten müssen. Das sind leider oft fast unerfüllbare Voraussetzungen.

Eine Auslandsadoption ist leider nicht mehr so einfach wie früher. Viele Länder versuchen inzwischen lieber, ihre Kinder im eigenen Land zu vermitteln. Es ist wirklich extrem schwer und geht mit Sicherheit nicht von heute auf morgen.

Aber wir werden es bestimmt schaffen. Und wenn nicht, geht die Welt auch nicht unter. Wir können uns auch ein Leben ohne Kinder vorstellen. Unsere Liebe wächst jeden Tag. Auch durch all die Veränderungen, die wir durchgemacht haben, und durch die Herausforderungen, vor die wir gestellt wurden.

Florian gibt mir das Gefühl, dass gerade die Dinge, die ich an mir selber nicht liebenswert finde, mich als Menschen ausmachen.

Florian gibt mir das Gefühl, dass gerade die Dinge, die ich an mir selber nicht liebenswert finde, mich als Menschen ausmachen. Dass zum Beispiel meine Ungeduld leidenschaftlich ist und meine Engstirnigkeit zielstrebig. Er holt einfach immer das Beste aus mir heraus. Und selbst wenn ich an mir oder in einer Situation nichts Gutes erkennen kann, ist er da und hilft mir, das Ganze noch einmal aus einer anderen Perspektive zu betrachten. Ich liebe dich, Florian!

DIE KLEINEN DINGE

Bei näherer Betrachtung sind es doch die kleinen Dingen im Leben, die es einfach so besonders machen. Die es erfüllen, die Seele aufmuntern und erheitern, wenn es ihr mal nicht gut geht. Diese Kleinigkeiten sind etwas ganz Persönliches, für andere oft nicht verständlich. Aber man sollte sie trotzdem nicht vernachlässigen – egal ob es nun ein verrücktes Hobby, eine spontane Gesangseinlage, der niedliche Familienhund oder ein glorreicher Tag im Bademantel ist.

◆ ADDICTED TO BADEMANTEL ◆

Ja, man sieht mich oft im Bademantel. Bademäntel fand ich schon immer toll. Auch als ich noch klein war. Früher waren sie für mich so eine Art Prinzessinnen-Umhang. Heute trage ich sie eher wie eine königliche Robe.

Ich habe schließlich den Luxus, dass ich von zu Hause aus arbeiten kann. Ich werfe den Bademantel also gleich nach dem Aufstehen über und lasse ihn so lange an, bis ich aus dem Haus muss. Irgendwann gehe ich kurz duschen, aber danach ziehe ich ihn einfach stumpf wieder über.

Momentan habe ich vier Bademäntel. (Es waren mal fünf. Einen habe ich an Florian abgegeben, damit er auch öfter Bademantel trägt.) Das eine Modell ist weinrot mit grau abgesetztem Kragen. Der war mal kuschelig. Inzwischen ist er ganz schön alt und nicht mehr so schön. Dann habe ich einen, der ist rosa, relativ kurz und aus so einem Nickistoff – richtig, richtig flauschig. Das ist auch der schönste, den trage ich gerade fast immer. Dann habe ich einen, der ist altrosa. Er ist ein bisschen länger, wirklich schwer, fast wie ein Morgenmantel: große Taschen, weite Ärmel, fast wie ein Wickelkleid. Dann habe ich einen weißen Bademantel aus Frottee. Ein bisschen langweilig. Den würde ich tatsächlich nur direkt nach dem Duschen anziehen. Eher ein praktisches Teil.

Ich finde, seine Bademäntel muss man mit Würde und Stil tragen. Dann strahlen sie auch Ästhetik aus. Und was Karl Lagerfeld, der Jogginghosenhasser, dazu gesagt hätte, ist mir egal. Ich finde das super! Ich glaube, ich werde

den Bademantel bald auch mal draußen rocken. Ich starte den Outdoor-Ba-demantel-Trend. Oder ich bringe mein eigenes Modell heraus, Jolina-Style: mega-flauschig, riesige Taschen, weite Ärmel und in Beerenfarben. I love it!

◆ UNSER HUND LOUI ◆

Viele Leute sagen stolz über ihren Hund: »Der ist so intelligent!«. Unsere Loui ist da doch eher verpeilt. Florian macht darüber immer Witze und versucht. Loui's Gedanken laut auszusprechen. Dabei macht er gerne die Stimme von Dorie, dem blauen Fisch aus »Findet Nemo«, nach: »Oh, guck mal, ein Blatt. Damit spiele ich! Oh, noch ein Blatt!« Sie ist einfach für die schlichtesten Sachen zu begeistern.

Loui ist ein Mädchen. Auch wenn alle aufgrund des Namens denken, sie wäre ein Junge. Wir wollten eigentlich einen Rüden und ihn Louis nennen. Aber dann habe ich sie gesehen und mich sofort in sie verliebt. Also wurde aus dem geplanten Louis nun eine Loui.

Im Dezember 2012 ist sie geboren und im Frühjahr 2013 kam sie zu uns nach Hause. Wir haben Loui nicht aus dem Tier-heim geholt, auch wenn das natürlich besser gewesen wäre. Aber da Florian mit Tierhaaren ein wenig empfindlich ist (sie stören ihn wahnsinnig in der Wohnung), mussten wir uns nach einer Hunderasse umschauen, die nicht haart. Loui ist ein russischer Zaren-hund. Gefunden haben wir sie auf einem Bauernhof. Sie kommt nicht von einer Züchterin, sondern aus einem ungeplanten Wurf.

Sie ist ein-fach für die schlichtesten Sachen zu begeistern.

Zuerst war Loui noch pechschwarz, hatte nur ein weißes Kinn, weiße Pfoten und ein weißes Abzeichen auf der Brust. Als sie zwei Jahre alt war, hat sie auf einmal ihre Farbe geändert. Bei dieser Rasse kann das wohl schon mal vorkom-men. Mittlerweile ist sie komplett grau.

Ganz am Anfang war Loui total auf mich fixiert, weil ich einfach mehr Zeit mit ihr verbracht habe. Ich war während meines Studiums zu Hause und Florian musste zur Arbeit ins Café. Als ich dann angefangen habe, in der Beratung und Verkauf einer Kosmetikmarke zu arbeiten, und auch noch YouTube nebenbei gemacht habe, war Florian nun eher ihr Liebling. Später, als wir mehrere Monate in London wohnten, vielleicht dann auch meine Oma, die währenddessen auf sie aufgepasst hat. Zurzeit gibt es eigentlich keine Nummer eins, würde ich sagen. Sie dreht immer ab und ist begeistert, egal wer von uns gerade nach Hause kommt.

Loui ist extrem familienbezogen. Es gibt für sie nichts Schöneres, als zusammen am Tisch oder auf dem Sofa zu sitzen – und sie am besten mittendrin. Sobald jemand in den Raum kommt, muss er auch bleiben und darf nicht gleich wieder weggehen.

Loui ist außerdem ziemlich anspruchsvoll, zumindest was das Essen betrifft. Sie geht konsequent in den Hungerstreik, wenn es nicht das zu fressen gibt, was sie will. Und meine Oma füttert sie mit allem möglichen Blödsinn, kocht für sie Hähnchenfilet, Reis und Kartoffeln. Da denkt Loui natürlich, sie ist eine verwöhnte Prinzessin. Wenn sie dann wieder bei Florian und mir ist, gibt es nur Trockenfutter. Manchmal frisst sie dann halt vier Tage lang nichts. Wirklich vier Tage lang gar nichts. Da ist sie konsequent. Erst am fünften Tag erbarmt sie sich dann doch und nimmt das Trockenfutter an. Bis meine Oma sie wieder füttert …

SEI DIR SELBST
BEWUSST

Wenn ich zurückschaue – war jede Entscheidung, die ich getroffen habe, die Richtige? Nein! Habe ich immer auf mein Herz gehört? Nein! Würde ich alles exakt genauso machen, wenn ich die Chance hätte, die Zeit zurückzudrehen? Ich denke wahrscheinlich auch das nicht. Aber das spielt im Hier und Jetzt auch keine Rolle, alles, was wir tun können, ist nach vorn zu schauen und zu probieren, in Zukunft die richtigen Entscheidungen zu treffen.

Auch wenn ich mittlerweile an einem Punkt in meinem Leben angekommen bin, an dem ich mit Sicherheit sagen kann, dass ich wirklich glücklich bin, habe ich dennoch auf meinem Weg definitiv viele Fehler gemacht. Vielleicht bin ich aber auch gerade wegen dieser Fehler an genau diesem Ort – wer weiß das schon?

Ich werde oft gefragt, wie ich es geschafft habe, so selbstbewusst zu sein, und was ich Leuten mitgeben würde, die noch an ihrem Selbstbewusstsein arbeiten wollen. Ich glaube, in diesem Kontext ist es wichtig, das Wort »Selbstbewusstsein« mal in seine Bestandteile herunterzubrechen – »selbst« und »bewusst«. Ich bin mir meiner Selbst mehr als bewusst, auch wenn ich, wie gesagt, definitiv nicht auf jeden Teil meiner Vergangenheit oder jeden Aspekt meiner Persönlichkeit stolz bin – bewusst sind sie mir aber alle Mal.

Ich glaube, dass Attribute wie Mut, Selbstsicherheit und Stärke, die im allgemeinen Verständnis des Wortes »Selbstbewusstsein« aufkommen, eben genau daraus resultieren.

Ich bin mutig, weil ich weiß, wie es sich anfühlt zu fallen, und ich weiß, dass ich es schon unzählige Male wieder geschafft habe aufzustehen.
Ich bin selbstsicher, weil ich oft die falsche Entscheidung getroffen habe und trotzdem ans Ziel gekommen bin.

Und ich bin stark, weil ich keine Angst davor habe, meine Schwächen zu zelebrieren, denn meine Schwächen sind ein Teil von mir und ohne sie wäre ich nicht ich selbst.

Wenn dich also jemand auf deine vermeintlichen Schwächen reduziert, muss dich das nicht ärgern. Solange du dir selbst schon deiner Schwächen bewusst bist, kann man ja damit umgehen.

Ich habe bis jetzt immer gesagt »Ich erzähle euch von meinen Fehlern, damit ihr sie nicht machen müsst«, aber ich glaube, so funktioniert das nicht. Deswegen: Geht raus, seid spontan, hört mal auf euren Kopf und mal auf euer Herz, trefft die falschen Entscheidungen, fangt an, Dinge zu hinterfragen, habt Spaß, neue Dinge auszuprobieren, und lebt euer Leben in vollen Zügen.

Wichtig ist nur, die daraus resultierenden Konsequenzen, seien sie aus euren Augen positiv oder negativ, zu reflektieren und das Geschehene auszuwerten. Glaubt an euch und eure Träume und mit harter Arbeit, unerbitterlichem Kampfgeist und einer Prise Glück ist alles möglich.

xo
Jolina

ÜBER DIE AUTORIN

Jolina Mennen teilt seit 2008 ihr Leben auf ihrem gleichnamigen YouTube-Kanal und ist die erfolgreichste deutsche Transgender-Influencerin. Auf ihrem Kanal spricht sie über Make-up und Beauty sowie ihre Transition vom Mann zur Frau. Am bekanntesten ist sie für ihre Storytime-Videos, in denen sie offen und unverblümt über spannende, aufregende, peinliche oder ungewöhnliche Ereignisse aus ihrem Leben berichtet.

IMPRESSUM

MIX
Papier aus verantwor-
tungsvollen Quellen
FSC® C106632

1. Auflage

© 2019 Community Editions GmbH
Zülpicher Platz 9
50674 Köln

Texte: Jolina Mennen
Design, Layout & Satz: BUCH & DESIGN Vanessa Weuffel
Redaktion: Tanja Stolze
Korrektorat: Julia Lucas

Bildnachweis: © Benjamin Becker: Cover, © privat: alle weiteren
Abbildungen: © Adobe Photo Stock – stock.adobe.com: Cover-Rückseite

Gesamtherstellung: Community Editions GmbH

ISBN 978-3-96096-097-3

Printed in Poland

www.community-editions.de